重返幼稚園：寫給大人看的成長課

寫給每個懷疑人生的打工仔
遲來的成長課

梨老師
繪·著

作者序

點解係《重返幼稚園》？

呢本書，唔係寫畀幼稚園學生睇，亦都唔係一本育兒指南，而係為咗香港地每一位努力掙扎嘅你而寫。

幼稚園老師呢個身份陪我行咗好多年。不過，喺教育以外，我都試過唔同嘅職位——例如管理、行政、策劃、人事決策等，甚至曾經轉跑道，踏入過同教育毫無關係嘅行業環境。每一份工作、每一段經歷，都令我見識到好多職場裡面既熟悉又荒謬嘅一面。

咁多年嚟，我見過無數教育工作者喺巨大壓力下仍然默默堅持，亦親眼見證唔同工種嘅從業者喺職場之中面對各種掙扎與無奈。身為一個工作多年嘅打工仔，我深明當中滋味，有時努力未必有回報，付出往往冇人睇到，呢種長期吃力又不討好嘅處境，最終我哋嘅熱誠同鬥志只會一點一滴地被磨蝕。

點解我哋喺幼稚園嘅時候識得同人好好相處，只要努力就一定有回報。但係而家咁大個人喺職場上卻好似好難可以同其他人好好相處、表達、合作，甚至保護自己？

點解職場比幼稚園更加幼稚？

我一直都好鍾意睇書，因為可以透過文字去了解其他人睇呢個世界嘅角度，更加可以透過其他人嘅經歷同想法認識呢個世界。於是我開始書寫，將我喺職業生涯累積落嚟嘅觀察與體會，延伸到職場、人生同成長嘅層面。希望呢本書可以為你帶來共鳴，邀請你同我一齊搵返我哋喺成長過程中逐漸遺忘嘅一啲最基本，亦都係最重要嘅嘢。

呢本書分為兩個部分：一部分寫畀教育工作者，關於職場中的真實挑戰與應對策略；另一部分寫畀所有努力生活的大人，成年人嘅世界好複雜，我哋好難可以隨心選擇自己想要嘅生活，但係我哋可以選擇用一個點樣嘅方式去

調整自己嘅心態同埋應對每一個難關。不管你係咩行業，定係面對緊乜嘢挑戰都好，希望你打開呢本書嘅時候，會感受到自己唔係孤單地撐下去，好多人都同你一齊同行💚。

作為土身土長嘅香港人，我選擇用繁體字加埋廣東話口語去寫呢本書。對我嚟講，廣東話唔單止係語言，佢承載住我哋獨一無二嘅文化、生活同故事。讓我哋用最熟悉嘅語言及文字，喺呢個唔太可愛又時常令人迷失嘅大人世界入面，一齊《重返幼稚園》搵返屬於自己嘅生存智慧。

梨老師漫畫 #01

小朋友嘅愛永遠都係最純真！

chapter 1 打工仔篇

薪酬的真相

#01

有啲工話就話有薪級表，其實都係呃人！

Peter 入咗呢間公司第四年，佢一直諗住公司有薪級表，人工每年會穩定上升📈。佢記得見工嗰陣人事部講得好清楚：「公司有清晰晉升階梯，每年評核表現會調整人工㗎！」當時佢信以為真，仲同屋企人講自己終於搵到間有前景嘅公司。

但現實係——所謂嘅薪級表，其實只係一份「參考資料」📊。

無論你做得幾出色，老細一句：「今年公司盈利唔多，可能加唔到人工／淨係每人加到少少。」就可以打發你走。更荒謬嘅係，隔籬部門啱啱畢業嘅新同事入嚟，人工竟然同佢一模一樣。

所謂「制度」，原來只係睇心情🤷‍♂️。

Lisa 做咗五年，努力打拼，升職加薪都有💼。但當佢打算轉去另一間公司時，HR 竟然話：「雖然你喺上份工做咗咁耐，但我哋公司有自己一套人工架構，可能要由低啲開始。」

人工唔能夠帶走，之前嘅努力好似白做一樣😮‍💨。

結果，佢要面對一個現實嘅抉擇：留喺舊公司繼續做、繼續攞佢辛苦爬上嚟嘅人工，但每日返工都冇動力；定係離開舒適圈，試吓新環境，即使要被壓價，至少心理上有空氣呼吸🌬️？

呢個抉擇，唔少打工仔都經歷過。

阿榮每年同老細傾加人工都好煎熬😖。

佢老細成日講：「你表現 OK，但係你知啦，依家大環境唔好，公司都好吃力。」

有年仲試過冇加人工，個原因竟然係話阿榮表現「仲未達標」。但佢明明 OT 到癲、放假都喺度處理文件📄，最後只得一句：「明年再努力吓啦。」

有啲人會默默接受；有啲人會據理力爭；有啲人會乾脆轉跑道。

唔同選擇都無對錯，但最重要係——唔好為咗份人工，委屈自己太多年💔。

其實連教育界都一樣📚，份份工都係咁辛苦。

政府每年都會出一份「幼稚園教師薪酬參考表」，列明唔同職級、年資應該有幾多人工。聽落好似有保障咁，但原來根本冇法律效力，學校可以完全唔理。

校方會話：「學校有自己政策」、「學生收得少，今年唔加啦」、「表現未夠理想」——總之理由多到數唔晒，最終就係人工加唔到 ，或者完全唔跟 point😓。

而且你喺一間學校儲咗幾年人工級數，轉工又未必承認，要被壓返起薪點。好多人就係咁，寧願死撐做死同一份工都唔捨得走🥹 。

現實係，職場從來唔會有公平呢樣嘢🧱。

所謂「有制度」、「有薪級表」、「按表現加薪」好似好有條理、好公平咁，但最後都係講人情世故。做得耐未必會加得多；做得出色未必會有人賞識；最慘係，做到攰，仲要畀人話：「你仲可以做得更好。」🙃

不過，人生主導權喺大家手上🛤️。

你可以選擇留喺原地，等公司賞識你；亦可以選擇為自己行多步，試吓新嘅環境，為自己爭取更加多嘅機會🙌。

你曾經試過喺續約嗰陣，明明值得被加人工，但最後一蚊都冇加過／加得一百幾十？

你曾經因為轉工而被壓價，覺得唔公平？

你曾經喺公司付出晒所有，但換嚟嘅只係一份口頭感謝，甚至被視為理所當然？

如果有，咁你唔孤單👥。

請謹記，返工當然係為咗搵食。但係，工作可以係一份有尊嚴、有成就感嘅事✨。你值得搵一份會真心欣賞你嘅工作。

打工仔，一齊撐住💪🔥!

#02

驚轉公司／轉工會搵唔返呢份人工。

阿榮最近好煩惱。

佢呢份工做咗四年，日日都要 OT，啲嘢多到做唔晒；雖然佢嘅人工都叫做加咗啲，但係工作壓力實在太大，所以佢都好想轉工。不過，佢嘅內心有好多憂慮，而且覺得好忐忑。

因為阿榮好清楚，轉工有機會「由頭嚟過」，新公司未必會承認你過往嘅薪級，甚至有機會被減人工💸。所以，佢成日都因為份糧而唔捨得離開呢一間咁鬼辛苦嘅公司。

相信唔止佢一個，現實中，好多打工仔都因為擔心轉工會影響自己嘅人工，而寧願死撐落去。制度嘅嘢，好多時唔喺我哋控制範圍之內；你再努力，對方亦未必會肯定你嘅價值🧱。

就例如幼稚園老師，都有同樣嘅問題，雖然我哋係有「幼稚園教師薪級表」，但好多時學校根本唔會跟，老師喺轉學校時都帶唔到份糧走，人工不升反跌都好常見。

但係，係咪咁就代表，我哋乜都做唔到？🤷‍♀️

係咪轉工就一定要被人壓價，無得選擇？

其實唔一定。你轉公司，唔代表你一定要同一個職級跳槽。

如果你已經有一定經驗，點解唔諗吓跳去高一級嘅職位？你咁樣唔單止有機會升職，更加有機會加人工！

與其等公司肯賞識，不如自己創造更多機會啦！

當然，唔係每個人嘅志向都係做管理，有人就真係鍾情於自己專業崗位👩‍🔬；就好似學校裡面，有啲老師真係好鍾意做教學工作，想永遠都係做老師，而唔係盼望自己做主任或者校長。

如果你純粹係想轉公司，而唔係轉第二個職位嘅話，你亦都可以嘗試喺見工前裝備好自己，喺見工嘅時候突顯出自己嘅長處及強項，積極爭取自己應有嘅薪酬💰。唔爭取，就一定冇，好多嘢都要試咗先會知。

轉公司唔一定代表輸蝕，反而可能係你重新被欣賞、再進一步嘅機會。如果你只係因為太多憂慮而冇踏出第一步，就永遠唔會知自己可以去到幾遠🌱。行出第一步，再同我分享你轉工嘅開心事啦💌！

#03

啱啱畢業人工寫幾多好呢？

Peter 啱啱畢業，見工嗰陣佢最大嘅擔心就係！人！工！

佢好驚將自己嘅人工寫得太高好似好大咬咁，但係又好驚自己開得太低會好蝕底🥹。佢試過同 HR 傾人工，心入面好想講出自己嘅期望薪金，但又怕好似好貪心咁。

大家都知道香港部分行業嘅薪金有一啲市場參考數字，但好多公司並無硬性規定一定要跟，薪酬可以由公司自由調整。所以，好多時有啲朋友仔會喺搵工開人工時覺得好困難。

對於啱啱畢業或者新入行嘅朋友，情況可能會比較清晰，因為通常起薪點都係有個基本參考數字。即使唔係每間公司都跟足標準，基本上都會畀到一個起薪水平你。不過，每年起薪點可能會有調整，最好自己 keep 住睇最新資訊，確保自己得到公平嘅待遇。

但係，有啲公司或者行業因為種種原因，開嘅人工會比標準低，好似有啲私營機構咁，未必會跟到官方或者行業標準，呢點就要自己留意😓。

啱啱開始做嘢嘅你，千祈唔好因為自己係新人就輕易接受一份明顯低於市場水平嘅人工💸。即使經驗唔多，都要了解自己嘅價值大約喺邊度，亦都要根據自己嘅經濟狀況，如果情況許可，就記得唔好急住即刻接受第一個offer，最好畀啲時間自己比較吓、揀吓一份適合自己嘅工作💪。

仲要記住，唔好一開始就降低自己嘅期望薪金，因為當你自己都減自己價，其他人自然唔會覺得你值更多，亦唔會有理由再畀多啲你。

當然，如果你覺得人工雖然比你期望嘅低，但仍然合理，而且工作環境舒服，接受offer絕對係冇問題，最緊要係自己開心同舒服🥰。但係，如果你諗得長遠啲，起步嘅人工太低，好可能會影響日後人工升幅🤔。人工唔係淨係睇當刻，亦都要諗埋將來。

有經驗嘅打工仔，轉工嘅時候唔好怕提出自己應有嘅期望薪金。如果你唔主動爭取，公司根本冇理由幫你加人工。當然唔係叫你開個天價出嚟，但係要根據自己嘅經驗、能力同學歷，爭取一個合理嘅待遇，千祈千祈唔好壓自己價🥲。

仲有，如果你願意嘗試挑戰更高嘅職級或者其他職位，咁都係一個加自己人工同埋有助自己職業發展嘅好機會👑。

最緊要係有信心同準備充足。寫好份 CV，準備好表現自己，面試時勇敢講出自己嘅價值，唔好怕開價。唔試，永遠唔知結果會點💪。

只要堅持相信自己，肯畀時間自己，願意主動爭取，大家一定會搵到一份適合自己嘅工作！香港打工仔好叻㗎！

#04

點解啲老細咁鍾意壓價？

大家有冇試過喺見工傾到人工嗰陣，明明你已經寫得好合理，甚至只係寫返原本份糧再高少少，HR 或者老細都總有啲理由想壓價，例如話 budget 有限、話其他同事都差唔多係咁，更加有可能會話：「你入嚟會學到好多嘢㗎！」🤨個概念就好似佢哋會袋「錢」入我哋袋咁（不過就唔係真錢），真係多謝晒！

不過老老實實，當然返工可以賺到工作經驗，的確係學到好多嘢。但係，返工就係求財，唔係嚟做義工，亦都唔係玩興趣班，唔係一句「學到嘢」就大晒。

點解啲老細咁鍾意壓你價？背後其實好簡單，應該冇乜公司會同你講感情，做生意嘅就梗係講錢，一定係講成本效益。你諗吓，如果一間公司有十個職員咁樣先算，每人壓低一千蚊人工，一年就慳咗十二萬，慳返嘅錢請多一個 part-time 都得🤑。喺佢哋眼中，與其畀得足你，不如慳返啲資源，請多幾個人做嘢唔好？

其實同一情況，幼稚園老師都成日面對。明明有薪級表作參考，但校方唔一定跟，資源有限就變相合理化壓低人工。有啲學校甚至會認為作為老師唔應該對薪金太過執著，應該以小朋友為先，最緊要服務到學生同埋家長，更加會覺得學校係畀緊學習機會老師🙃。

有啲朋友仔可能會將自己嘅人工寫得低少少，希望咁樣可以大啲機會得到份工，但講真，到最後唔開心嘅亦都會係自己。公司會試探你底線，你開得低，佢就唔會自己加返畀你。最終蝕底嗰個，永遠係你自己。所以，除咗千祈唔好主動壓低自己人工之外，亦都唔好一見到有 offer 就即刻接受。

如果呢一間公司唔識得欣賞你，又或者佢哋嘅資源真係好有限，大家亦都唔好灰心，因為香港唔止得一間公司，而且呢個世界好大，到處都係機會。有時候，唔係話要斤斤計較，而係你點樣睇自己嘅價值。做人可以謙虛，但唔可以貶低自己嘅價值。尊重自己，先會搵到尊重自己嘅公司。

明白好多公司總會諗好多方法去減低支出，但都唔代表你唔可以誠實填寫你嘅期望薪金。即使你搵緊嘅呢一份工個老細好似好想壓你價咁，你亦唔需要太過擔心，亦都唔好懷疑自己嘅能力。因為未必係你嘅問題，而係間公司單純係想慳錢，又或者真係市道唔係幾好。

梨老師漫畫 #02

就算幾忙都好，
都要放低工作做自己鍾意做嘅嘢呀！

打工仔篇

打工仔
生存實錄

#01

打工仔越多假期就真係越開心？

阿榮終於放年假，準備出發去旅行！不過，佢前一晚要 OT 到十一、二點先走得，因為「唔想放假嗰幾日仲有人煩我」。

拎到大假絕對係一件好事，但佢心入面明白：呢啲假期，其實只係平時辛苦工作嘅補償。而且，即使有大假都唔代表可以隨時放，一嚟要睇吓多唔多人喺嗰期攞假，二嚟亦都要考慮唔同嘅原因例如有冇 projects 趕緊。

返工最緊要當然係搵錢，有幾多日假期亦都係其中一個考慮嘅因素。唔知道如果問你邊一個行業最多大假，你諗起邊份工呢？

成日都聽人講話老師好多假期，相信係因為大家覺得學生有好多假期，以為學生放假就等於老師都放假，當然個事實就唔係咁啦！以幼稚園老師為例，佢哋嘅年假平均嚟講一般都係大約二十幾日左右，雖然係比大部分嘅工種多少少，但好多幼稚園仍然行「長短週」，即係老師隔個星期六都要返工，有啲進取啲嘅學校一個月要返三個星期六；「輕鬆啲」嘅，每月都要返一個星期六。最慘係經常性 OT 冇補鐘又冇補水，唔少老師仲要日日拎嘢返屋企做。

唔好淨係講教育界，其實絕大部分嘅香港打工仔都一樣辛苦，一樣忙碌 😮‍💨 💨。

大把行業星期六都要做緊嘢，好多人一個星期都要返六日工，幾多人 OT 冇補水？亦都有好多人要拎埋部 laptop 去旅行、夜晚喺酒店覆 email，就算連放假都係工作緊。📱 有時「放假」，其實只係換個地方繼續做嘢。有啲朋友仔工作好繁忙，喺自己放大假之前仲要特登 OT 趕 deadline；放假之後仲有更加多手尾要跟。

當然啦，係人都想多啲假期，越多假期就梗係越開心，唔通話畀你聽少啲假期先開心咩？對好多打工仔嚟講，放假就好似補充體力咁，用嚟重啟身心，等自己之後可以再努力工作。而且現實係，唔係個個都咁容易攞假。有時攞個假都有好多考慮，要睇吓嗰期多唔多人攞假、嗰排有冇咩 projects 做緊，跟住老細又未必批，所以就算有年假都未必真係有得拎。

而且，就算真係請到假，唔代表就一定休息到，因為你放假嘅時候都可能有同事會搵你。仲未計放假之前要拿拿臨完成晒手頭上及未來嘅工作，簡單嚟講即係你嘅工作量係一模一樣，只係要預先完成，仲要 chur 啲咁解。

唔係每間公司都會體諒到每個同事嘅需要，但我哋要學識「放自己假」🌱。習慣將工作同私人時間分清楚，好好享受屬於你嘅每一個假期💆🏻‍♀️。

#02

一日未收工，一日都唔好化妝。

Lisa 做前台，日日晨早流流就要返到公司，制服要企理、笑容要自然，但佢都堅持每日化個靚妝先出門。因為佢想令自己望落醒神啲，做起嘢上嚟都精神啲💄。

不過，大家都知道一間公司裡面真係乜人都有，有啲人開始畀說話 Lisa 聽，例如：「咁早返工都化妝，係咪有特別約會？」、「你日日化到成隻雀咁，想搏啲咩呀？」每個打工仔對自己返工嘅形象都有唔同嘅要求，有啲人可能想簡簡單單快啲返到公司，所以唔會特別打扮；亦都有啲人覺得化妝返工係一種令自己進入工作狀態嘅方式。

阿榮做地盤助理，每日都要戴頭盔喺烈日底下搬重物。有日佢想試吓轉個新形象，畫咗堂眉，點知啲汗水搞到成面花晒，唔單止辛苦，仲要搵時間執返個樣，結果搞到分心出錯，當然亦都引起其他同事嘅不滿😓。

化妝返工真係冇問題，不過亦要因應返自己嘅工作需要，更加唔好畀自己嘅裝扮影響工作表現。

唔同工種，對外表嘅要求真係好唔一樣，例如你係賣化妝品嘅，你當然要化妝返工啦；不過有啲工作例如幼稚園老師咁樣，就冇特別鼓勵有任何裝扮，甚至乎會喺合約寫明唔建議有任何化妝或者特別嘅裝扮。除此之外，唔同嘅工種亦會影響我哋作為員工對化妝嘅決定，例如你份工係坐 office，冷氣夠，少郁動，你個妝可能會 keep 得好啲。但如果你嘅工作傾向比較多體力勞動，成日要出出入入郁嚟郁去，又或者成日要喺一個比較高溫嘅環境底下工作，你個妝又真係好鬼易溶💧。

有啲工種（例如護士、物理治療師、教育工作者、食品生產員等），如果化咗濃妝或者戴長耳環、假睫毛、尖甲等，可能會喺工作上造成衛生問題，甚至有意外風險。

畀啲例子大家，例如護士喺照顧病人嘅時候，指甲太長有機會刮親病人；幼稚園老師戴住隻大耳環，亦都有機會畀小朋友拉親耳仔；食品生產員嘅假眼睫毛可能會跌咗落食物包裝裡面。一般嚟講化妝當然冇問題，不過有好多意外都真係可以無啦啦發生，因為咁樣而影響自己嘅工作表現的確好唔抵。

所以，如果由專業層面嚟睇，化妝唔單止係講緊靚唔靚，亦都係有關你嘅專業形象，同時大家亦都要喺「安全、方便、穩陣」幾方面諗吓。要考慮一下你返工嘅造型及妝容係咪合適，雖然真係好麻煩，但係咁樣唔代表打工仔就要為咗工作完全犧牲自己嘅風格👠。

選擇適合自己崗位嘅打扮，保持自信心，避免阻礙工作。例如淡妝、髮型整齊、指甲乾淨整潔，其實已經夠晒專業同得體。最緊要，唔好畀社會其他人用你嘅外表去衡量你嘅工作態度及表現。

💚 專業唔係靠個樣；
💚 扮靚都可以係認真工作；
💚 愛自己，同樣都係一種責任。

又或者收工之後先慢慢化返個靚裝、換返套靚衫去食個飯、睇場戲，好好獎勵一下自己，畀少少空間自己喘息。

最後，亦希望社會能夠少啲批判，多啲包容，等每一位努力生存嘅打工仔，都可以唔使收埋自己，做返最舒服嘅自己。

#03

公司嘢＝私人嘢，拎返屋企做是應該的？

Peter 第一年出嚟做嘢，有一日開會，佢被分派咗好多工作，佢好擔心做唔切，所以問大家：「嘩！咁多嘢做，做唔切點算好呀？」

老細聽完之後就教佢：「文件係私人嘢嚟嘅，帶返屋企做，咁咪唔怕做唔切囉！」

Peter 聽完當然有啲唔開心，因為邊個會想帶嘢返屋企做？不過，始終佢第一年出嚟做嘢，真心以為文件係私人嘢，所以只好點頭照做。

後來佢轉咗去第二間公司，有一日佢因為太忙碌而要 OT 處理埋啲手尾，老細經過關心佢：「你仲唔收工？呢啲嘢返屋企慢慢做啦！」

其實真係好反智，唔知幾時公司嘢會變咗做私人嘢，好似呢一份糧係包咗每日 24 小時咁；原來工作量大到辦公時間做唔切，拎返屋企做都係理所當然。

⏰ 可能你會覺得做唔做得切同夠唔夠勤力係有關係，不過如果大家睇吓打工仔每日嘅工作時間，你就會發現原來真係唔夠時間。宏觀咁樣講，假設你係返 office 工，你除咗要做文件嘢之外，你可能要開會、見客、覆 email、趕 projects 等，淨係講文件呢一項任務，都可以細分做好多款。

假設你嘅工作係有固定嘅服務對象，例如係美容業、教育、客戶服務等，你更加難抽身完成公司文件或者其他工作，所以搞到自己成日都要拎嘢返屋企做；甚至乎收咗工都要繼續「湊客」。

⚠️除咗以上所講嘅內容之外，大家有冇諗過安全問題呢？公司啲文件，真係方便就咁拎出公司咩？

試諗吓如果你拎公司文件返屋企處理，點知一個唔小心遺失或者電腦中毒，最後所有客戶資料、合約條款、內部機密嘢都外洩，咁到底係邊個嘅責任呢？🧐

當然，我哋有責任如期完成自己嘅工作，但係如果拎公司嘢返屋企做，除咗會增加自己嘅壓力，仲會搞到自己冇時間休息，影響之後嘅工作表現。更加大嘅問題係，如果重要嘅資料外洩，最後呢一個責任你又承唔承擔到呢？

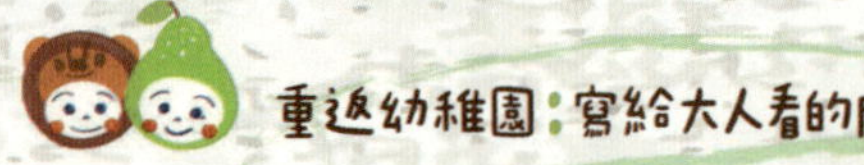

另外，公司喺分配工作畀員工嘅時候，亦都要留意一下有冇提供足夠嘅時間以及充足嘅資源，以免同事們日日都要捱夜，最後只會造成惡性循環。員工輕鬆啲，對公司嚟講都係一件好事。

工作同私人時間記得要分開，工作就應該留喺辦公時間內完成，尊重自己嘅私人時間，唔好將責任同犧牲混淆。而且，準時收工係尊重合約，唔帶公司嘢返屋企做，亦都係保障公司嘅利益！

#04

打工仔有得唔 OT 咩？

大家有冇試過天都未光就返工，收工嗰陣就個天都黑晒，返工返到日月無光；更加唔好諗住收工約人食飯，因為你自己都唔知要 OT 到幾多點。

但係，大家都係打工仔，點解有啲人日日都要 OT，有啲人就日日都可以準時收工呢？

當然，有啲公司／行業真係特別癲，好難可以一時三刻改變 OT 文化。不過，我哋可以試吓由自己開始，調整吓工作方式，同時亦都唔好畀你嘅同事習慣你係會成日 OT。

以下呢五個方向，未必可以即刻幫大家擺脫 OT 嘅厄運，但希望可以幫大家捱得輕鬆啲，生活多返啲平衡。

1 熟能生巧 ✍

初出茅廬時成日 OT，好多時都係因為唔熟悉流程，或者仍然喺摸索階段。但當你喺公司做耐咗，對好多事情都做慣做熟，相信自然會快手好多。

不過，每個人上手嘅時間都唔同，因為大家嘅工作方法都唔同，未必所有人都能夠喺日常工作上探索到最適合自己嘅方法或者小技巧。所以，除咗希望自己能夠 work harder 快啲熟能生巧之外，更加需要 work smarter 搵一個屬於自己嘅工作秘笈！當然，亦都可以試吓同你嘅同事，或者做同一行嘅朋友交流一下心得，等大家可以互相學習，一齊準時收工！

2 時間管理 ⏳

老老實實，成日 OT 嘅同事唔代表係特別努力／特別多嘢做；經常準時收工嘅同事亦都唔代表係特別得閒／特別懶惰。好多時候，特別多煙 break，特別多傶傾嘅同事都會特別晏收工，當然唔能夠以偏概全，但係時間管理真係好影響我哋嘅放工時間。

- 返工當然要有適當嘅休息，不過大家可以因應每日嘅工作量調整自己嘅休息時間；如果今日好忙嘅話，就首先專心完成急住交嘅文件，畀個目標自己做完嘢先慢慢同同事打牙骹
- 安排好工作嘅緩急先後次序，除咗睇完成工作嘅 deadline，亦都可以考慮吓邊樣工作比較重要，提早處理最緊急嗰樣先

· 如果一定要用到私人時間完成冇咁重要而且比較瑣碎嘅工作，我會寧願喺排隊、搭車、等朋友呢啲時間處理，都唔會想返到屋企仲喺度慢慢做（當然，儘量留返喺公司處理會比較好！）

· 如果情況許可，即管試吓將啲類似嘅任務放埋一齊做

好好規劃一下每日返工嘅時間，同埋每一個工作嘅先後次序，等自己可以有效率啲，早啲收工。

3 善用資源

雖然我哋受薪，返工多嘢做真係冇乜辦法，但係唔使樣樣親力親為，留意一下身邊有冇啲咩資源可以幫到自己：

· 同事之間可以互相交流 idea，分享文件嘅範本以及工作上嘅小貼士

· 正確使用公司嘅資料庫／公司資源，可以幫你事半功倍

· 如果公司有 intern，可以慢慢訓練佢哋處理簡單任務

- 唔好怕畀同事知道你好忙，同時亦要讓上司知道你嘅工作進程，一嚟可以避免額外嘅工作，二嚟亦有機會獲得額外支援
- 善用外援，例如 freelancers（如果有 budget）、家長義工（如果你做教育行業）等

唔好怕畀人覺得你好似好冇能力咁，有陣時上司未必知道你工作真係咁繁忙，喺適當嘅時候尋找資源協助自己都係一種提升效率嘅方式。

4 精簡流程 🔁

所有公司都有自己嘅工作系統，不過有啲公司資源比較好（或者老細比較有同理心），可能會有一啲特別嘅系統幫助同事簡化工作流程，例如：

- 設計工作流程時，將重複性任務整合
- 用 template、checklist、人工智能等做初步處理
- 將例行工作排程，例如每星期定一日做文書或開會
- 比較簡單嘅文件唔需要吓吓都要等最大嗰個簽，可以畀中層處理
- 公司亦可以試吓下放權力畀同事，有更大嘅主導性自然效率就會更加高

· 搵合適嘅工具幫手，例如快速批簽 app、自動化整理文件等

如果每一項工作流程都冇咁複雜，遇啱突然之間個客或者老細想改變成個方向，你要重做都唔使做得咁辛苦。作為打工仔嘅我哋，一啲基本嘅工作流程當然可以自己試吓簡化，不過如果係一啲公司指定嘅工序，就唔到我哋自己簡化，公司喺呢一方面亦都可以試吓出一分力！

5 唔好慣咗 OT ⚖️

最後最重要嘅係：大家真係唔好覺得 OT 係「正常」，亦都唔好畀你嘅同事習慣你係會 OT。人係好得意㗎，當你習慣呢個同事日日都會 OT，有一日佢要準時收工，你會覺得佢今日「咁早走」；但係如果呢個同事每一日都好有效率，準時收工，有一日佢 OT，大家可能會覺得佢好忙，甚至乎會覺得佢好「抵得諗」。

另外，如果你已經試過調整時間、精簡工作流程、尋找適當嘅工具及資源，但依然日日 OT 到隻狗咁，咁就不如認真諗吓：

· 係唔係公司本身人手不足／管理混亂？

- 上司安排不合理？
- 或者工作性質根本就唔適合你目前嘅生活狀況？

可以試吓同上司討論一下，爭取資源或者調整工作量。如果情況依然冇好轉，轉工／轉行都未必係壞事。打工仔攰係好正常，但係太辛苦就要諗吓係咪真係正常。

#05

25 歲但係有 40 年工作經驗！

25 歲但係有 40 年工作經驗真係不是夢！

真係唔係講笑，無論係肉體上定係靈魂上都覺得自己好似有 40 年嘅工作經驗，返工返到周身痠痛，攰到個人暗淡無光，真係做到個人都老晒！

仲有喎，香港人日日咁樣 OT 法，人哋正常一個星期返 40 個鐘，我哋就 OT 到返足 75 個鐘，完全係濃縮晒我哋嘅工作經驗！

1 一個人頂幾個人嘅工作👷👷‍♀️👨‍💼

好多公司慳得就慳，如果情況許可嘅話佢哋都好鍾意請一個人處理好多個人嘅工作，有嘢要執嘅時候你係清潔工人；有文件要做：你係文員；有活動要跟：你係 project manager；有新同事返工：你係 team leader；有客要溇：你係客戶服務。簡單嚟講，香港嘅打工仔係全能，因為我哋真係可以勝任好多唔同嘅工作，畀個叻自己啦！👍

仲有，日日有好多突發事件等你處理，無論你係新入職嘅小薯還是好有工作經驗嘅打工仔，一有突發事情上嚟，大家都要迅速處理，令大家可以喺短時間之內學習冷靜而有效率地面對挑戰同埋承擔責任。

久而久之，你開始學識咗點樣處理公司上下嘅大小事務，但同時，你都開始冇咗當初嗰份單純嘅熱誠，感覺就像老了十年。

2 後生細仔就周身痠痛

強烈建議所有交通工具都整多一張關愛座專係 for 打工仔！！！

返工真係一個非常之大嘅勞損，唔好講心理上，淨係身體上嘅勞損已經有排講。體力勞動嘅工作當然一定會出現肩頸膊痛等嘅問題，成日要講嘢嘅工作，例如老師咁亦都會出現肢體同埋聲線嘅勞損，或者做工程嘅朋友亦有可能出現聽力上嘅受損。就算你係坐 office，你都可能會出現眼睛乾、肩頸痛、背脊痠痛等嘅問題。

有啲工作嘅勞損可能會出現得好快，亦都有啲工作係傾向日積月累嘅勞損，唔會即刻爆出嚟，但到某一日你發現自己唔妥，就係一個好大嘅警號。可能你會話：「份份工都係咁辛苦㗎啦！」你冇錯呀！份份工都係咁辛苦，搵食就係滿身泥濘，唔辛苦邊得世間財呢？

每一個工種都有自己嘅困難，或者危險性。特定嘅行業喺法例之下，公司係一定要為你安排合適嘅配套，保護你嘅健康及安全。不過，有啲工作，例如 office 工作嘅朋友成日都要坐，或者做老師成日都要用聲，銷售員經常需要長時間站立等，呢啲行業並唔係必須要為員工提供相應嘅配套。所以，大家亦都需要注意一下，例如你成日都要坐嘅，可以考慮為自己安排一個適合嘅坐墊，以及定時起身行兩個圈；成日都要站立嘅朋友就試吓買對舒適嘅鞋墊。咁當然啦，作為僱主嘅你哋亦都應該要留意一下員工嘅需要，並且睇吓可唔可以為員工提供適合嘅支援。

公司有責任照顧員工嘅健康及安全，但係學識保護自己都好重要，如果唔係為咗份工賠上健康就真係好唔抵喇！

3 OT 的冠軍

成日都好想有一個飲酒 game 係鬥 OT 得最耐，我都幾肯定香港人一定會贏！

又或者咁講，我哋日日咁樣 OT 法，邊有時間同啲 friends 玩飲酒 game 呀？

大家睇到呢一度，不如問一問自己：「你今個星期總共 OT 咗幾多個鐘？」如果你嘅答案係 0 嘅話，恭喜你，你好優秀！如果你嘅答案係多到數唔到嘅話，你都好優秀，但你要好好反思一下到底咁樣返工法值唔值得？

有陣時返工嘅嘢好難唔 OT，都好理解如果有大 project 趕緊嘅話，間唔中 OT 都好正常。但係有啲工作的確成日都要 OT，導致明明合約寫咗係每個星期返 40 個鐘，最後變成個個禮拜都做 70 幾 80 個鐘頭嘢，打一年工就有兩年工作經驗真係冇難度。

長遠落去，你就會覺得人生只係得返工同埋疲勞，慢慢啲黑眼圈就會出晒嚟，捱夜捱得多皮膚亦都會變得好差。就算唔好講個樣呀，日日咁樣捱法，個人點會有精力吖？

睇落成個人都老咗十年咁。😭

如果你都覺得自己好似老咗幾十年咁，其實你唔孤單。

因為都係嗰句，搵食真係好艱難，返工真係好攰，個個人返工都係咁鬼辛苦。

社會迫我哋成熟、公司迫我哋老化、生活令我哋灰心。但請謹記，要好好照顧吓自己，多啲關心吓自己；明白工作好繁忙，但係都要留意自己身體及精神上嘅變化。人生就只有一個，工作可以有好多份，為自己保留多啲喘氣空間，好好休息，日後先更有精力打拼。💪

chapter 3 打工仔篇

職場政治法則

#01

唔好同未嫁嘅老細打工？

「未結婚嘅上司最難頂，因為佢哋冇家庭要湊，可以將全部時間都投放喺工作上，最鍾意雞蛋裡面挑骨頭！」

唔知大家點睇呢句呢？

係咪只要上司係未婚，就一定會係控制狂、一定最煩、一定成日迫人陪佢 OT 呢？

但呢個講法好似有啲以偏概全喎！🥲

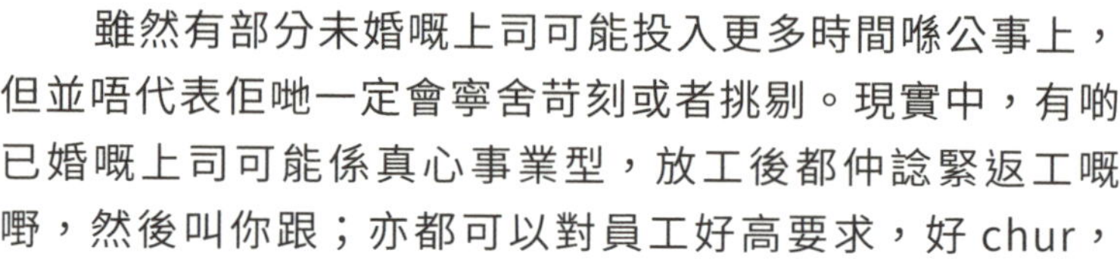

雖然有部分未婚嘅上司可能投入更多時間喺公事上，但並唔代表佢哋一定會寧舍苛刻或者挑剔。現實中，有啲已婚嘅上司可能係真心事業型，放工後都仲諗緊返工嘅嘢，然後叫你跟；亦都可以對員工好高要求，好 chur，日日都迫人 OT。

相反，有啲未婚嘅上司都可以好明白事理、有彈性、有同理心。所以，每個上司嘅性格、價值觀、領導風格，同有冇結婚係冇乜直接關係。

你個老細嘅領導風格好大機會取決於：

- 佢自己對工作嘅要求，係咪完美主義者
- 過往職場經歷
- 佢過往上司嘅風格
- 佢對團隊嘅睇法
- 佢嘅性格、經驗、教育背景甚至價值觀
- 同埋你份工嘅忙碌程度及公司文化（有時候，上司 push 得太勁，可能係因為佢嘅上司都睇得好緊，令到佢喺冇辦法嘅情況之下被迫要逼迫你）

另外，仲要睇你所屬嘅團隊係點：

- 如果你條 team 比較鬆散、經驗未夠，老細自然會提供多啲推動力
- 相反，如果團隊成熟、有默契，老細就會放心啲、放鬆啲

與其用婚姻狀況嚟揣測你嘅上司點樣對人，不如：

- 做好自己嘅工作，清楚知道自己嘅權利同責任，並與團隊保持清晰及具透明度嘅溝通

- 遇到不合理嘅要求，亦應通過適當嘅方式反映，尋求解決方法
- 嘗試理解上司喺管理時面對嘅壓力，建立互相尊重嘅工作關係

一個健康嘅上司下屬關係，係要靠理解、透明度以及信任去建立。

無論大家嘅近況係如何，過度投入工作並唔係一件好事。無論係未婚定係已婚，有小朋友定係未生小朋友，我哋都要學識 Work-Life Balance🥰，將時間分配畀家人、朋友，或者發掘自己嘅興趣，享受生活嘅樂趣。工作只係人生嘅一小部分，唔應該成為一切。外面有好多美好嘅事物等緊我哋去體驗，適時放下工作，過一個精彩嘅人生，亦係對自己同身邊人負責嘅表現💚。

梨老師漫畫 #03

如果畀我重新揀一次，
我都會揀返做老師！

#02

有人就係有是非，埋邊個堆最穩陣？

你第一日返新工，午飯時間，一共有三堆人邀請你一齊食飯——你會埋邊堆？

🍱 圈子 A：「開心組」

呢堆人笑聲笑聲滿載溫馨，成日講唔同人嘅是非，埋佢哋堆你會知道好多秘密。

🍜 圈子 B：「努力組」

大家都好安靜，個個都最愛上班，食飯都會拎埋部 laptop，埋佢哋堆雖然係有啲壓力，不過你可以專心工作。

☕ 圈子 C：「刷鞋組」

一句講晒「刷！鞋！仔！」，不過老細好似幾鍾意佢哋，埋佢哋堆可能有著數！

相信大家心裡有數，不過講真，無論你喺咩行業工作，只要有人的地方就會有是非，呢個係一個不變嘅事實。

作為一名專業嘅打工仔，我哋應該以成熟同理智嘅態度面對呢啲挑戰，專心做嘢，唔使理人哋啲是是非非。因為，我哋份糧唔包講是講非同埋玩埋堆㗎喎😤！

加上，打份工啫，與其嘥咁多時間搞咁多嘢，快快脆脆做完啲嘢準時收工唔好？

首先，我哋需要明白我哋工作嘅首要目的並唔係講是講非、玩批鬥，而係盡力完成好自己嘅職責💪，專注於自己嘅工作係一種最有效避開是非嘅方法。當我哋投入工作、認真完成自己嘅任務，不但可以提升專業能力，更加可以將嗰啲流言蜚語變得無關痛癢。畢竟，我哋嚟做嘢係為咗賺錢，而唔係為咗捲入毫無意義嘅小圈子。

其次，職場入面最唔明智嘅行為之一就係「埋堆」。選擇支持某一方通常只會將自己捲入更大嘅風波，並損害自己喺其他同事心中嘅形象。作為成年人同埋專業人士，我哋應該擁有基本嘅判斷力，清楚乜嘢係啱，乜嘢係錯，而唔係盲目附和或者加入某一方嘅陣營。其實除咗埋堆之外，大家可以對每一個同事都咁友善，對所有人都好嚟好去。👑

世界係好細，我哋永遠唔知道今日嘅同事係咪會成為明日嘅上司；或者咁講，做人最緊要係好來好去。保持中立同尊重，對任何人都保持禮貌，同埋用實際行動證明自己嘅能力與價值先係喺職場中站穩陣腳嘅基礎💚。

此外，對於嗰啲試圖向你說三道四或者拉攏你埋堆嘅同事，我哋應該採取禮貌而堅決嘅態度，保持距離，並將注意力放返喺自己嘅工作上；佢哋鍾意埋堆就真係佢哋嘅事👋🏾。尊重每一位同事係化解職場矛盾嘅重要原則，無論對方嘅職位高低，性格如何，都應該以平等嘅態度對待🤝🏾。對人尊重，唔代表要刻意討好或者巴結任何人，而係一種係人都應該有嘅基本態度。尊重能促進職場和諧，並令其他人更容易同你合作。當我哋以禮相待，專注於建立良好嘅人際關係，好多問題自然能迎刃而解。

有時候，職場嘅問題可能唔止表面嘅流言蜚語，而係一個整體性、toxic 嘅工作環境。如果你發現呢個環境已經嚴重影響到你嘅精神健康或者工作效率，唔需要強迫自己留喺呢個地方😖。選擇離開並尋找更適合自己嘅環境，都未嘗唔係一件好事，千祈唔好犧牲自己嘅身心健康💚。

最後，其他人對我哋嘅評價或者背後嘅是是非非並唔會真正影響我哋嘅專業成就。只要我哋全心全意完成自己嘅工作，對自己嘅表現負責，就無須擔心外界嘅閒言閒語💪。如果有人批評你，但你自認為無愧於心，你亦都唔須要太上心。你嘅職業目標係為咗實現自我價值，而唔係參與嗰啲毫無建設性嘅職場是非，更加唔係為咗要埋堆。

總而言之，我哋應該保持專業及成熟嘅態度嚟面對職場中嘅人際挑戰，專注好自己嘅工作，尊重每一個人，同每一個同事都建立良好嘅關係👥，咁先係最穩陣。

如果工作環境真係太過 toxic，太過痴線，就要學會尋找更健康嘅發展空間。最重要嘅係，無論外界如何，我哋都要記住自己嘅初衷，為咗自己嘅專業成長而努力，呢個先係我哋真正應該要關注嘅目標。

#03

點解我上司成日搵我揹鑊？

Peter 入咗呢間公司三個月，有日開會，佢上司突然喺大家面前話：「上次我哋跟阿 Peter 嘅建議，結果畀個客投訴……」

Peter 即刻呆咗，因為呢個建議根本唔係佢提出，明明嗰日係上司講完就叫 Peter 寫 proposal，點解依家出事就搵佢嚟揹鑊？🤔

另外，有個家長投訴，幼稚園老師 Lisa 畀校長叫咗出嚟處理，校長同主任好似完全冇幫手又冇幫口，點解校長唔直接出嚟拆掂佢？🤔

相信好多打工仔都有試過覺得上司「縮骨、卸膊」，甚至可能會覺得畀佢哋「陰咗自己一鑊」，明明管理層應該係保護員工／處理問題，結果出現事嗰陣，佢哋反而匿埋，仲要推啲細嘅出去死。呢啲情況雖然係好激氣好嬲，但從另一個角度睇，佢哋咁做可能都有佢哋嘅考慮及原因。

啲老細一有事就推咗啲細嘅出嚟先，喺員工眼中當然唔公平，覺得明明你先係老細，有事發生你同我縮？然而，從管理層嘅角度嚟講，佢哋未必係純粹為咗推卸責任（當然有部分可能係），而係認為解決問題係應該由最前線嘅人員首先嘗試處理。

簡單咁講，當一間學校咁先算，有家長投訴，一開始就由老師親自處理會比較理想，因為家長主要針對嘅可能係班內問題，老師最熟悉學生嘅情況。如果一開始就校長親自出嚟，一開波就由最大嗰個處理，萬一家長太難搞，問題就會更加難處理😕。又或者好似喺餐廳，有西客投訴，最初會由侍應處理；侍應搞唔掂先到部長；部長處理唔到，先再搵餐廳經理解決💁🏾‍♀️。

一般嚟講，好多公司都有分層制度，先由最接近問題核心嘅人員解決，然後逐步升級。如果老細一開始就出面處理，未必係最有效率嘅做法。而且，管理層需要處理宏觀嘅事務，並唔可能親自解決每一個問題。如果每次一有事就叫個最大嘅出面，其他人可能會變得過度依賴管理層，令管理層工作量過重，甚至影響整體運作。

不過又咁講，有啲公司嘅管理層係真心卸膊，所以打工仔們要學習保障自己💪🏾。相信好多朋友都試過，老細叫你做 A，但最後 A 嘅成效唔理想，結果老細反過來埋怨返你轉頭。呢啲時候，白紙黑字就成為你最大嘅頭盔📝。

如果收到口頭指示，可以試吓以電郵或訊息形式跟進，將對話記錄清楚💻，例如：「根據你今日早上提到嘅指示，我會按 A 方式處理。」如果有相關文件就更好，例如會議記錄嗰啲，確保當問題出現時，有據可依。咁當然啦，都明白有時做嘢嘅嘢，又好難吓吓都拎返啲證據出嚟反抗嘅。不過，有清楚嘅記錄，喺適當嘅時候係好幫到手㗎！

另外，如果件事已超出你權限之內可以處理嘅層面，而上司未必清楚成件事嘅嚴重性，大家不妨試吓提前同上司溝通，將實際情況講清楚，爭取更多資源或者建議。當佢哋見到你已經盡力，佢哋可能更願意出面支持。我哋要學習同管理層保持良好溝通🗣️，並避免過度承擔責任呀！

最後，就算面對最「縮骨」嘅上司，都要記住：你嘅專業同自我價值，唔應該由其他人定義。繼續做好自己嘅份內事，積極提升自己嘅工作能力，唔好畀上司或任何同事影響自己嘅情緒。同時都要識得保護自己，以及理解每個崗位嘅角色與限制，咁樣返工都會開心啲！

#04

做人唔好跟紅頂白！

一樣米養百樣人，每個人待人接物嘅態度都唔同；喺一間公司裡面，有啲人會對所有同事都好有禮貌，有啲人淨係會對老細有禮貌，亦都有啲人淨係會對有利用價值嘅同事有禮貌。

Lisa 喺 pantry 見到茶水姨姨攞住成桶水喺度拖地，但旁邊幾個同事行過完全無望過佢一眼，亦都冇人會講一聲唔該。反而，當老細行過就個個同事都同佢打招呼。呢個世界就係咁現實，好多人都跟紅頂白。😞

唔知你哋係個點樣嘅人呢？

對老細有禮貌真係好正常，不過唔應該淨係對老細／上司有禮貌，而係對身邊每一位同事都要有基本尊重——無論係茶水、搬貨、啱啱入職嘅新人，甚至係你覺得同你冇乜交集、冇乜利益價值嘅同事都要保持禮貌。

每個崗位都有各自嘅壓力，每個角色都唔容易，做嘢吃力其實真係唔緊要，但係不討好就真係會令人好灰心。職場上，總係有啲人好鍾意分階級，見高拜見低踩。又或者見新入職嘅初階同事唔熟悉公司文化及工作流程，就會出現「蝦新人」嘅情況。

不過，講得現實少少，就算當你唔係純粹出於尊重，都應該識得為自己「儲人脈」。你永遠唔會知道今日比你職位低嘅同事，日後會唔會變成你上司；或者喺某個場合可以拉你一把。呢個世界真係好細㗎，大家做同一行，日後總會有機會再相見，甚至再次合作。而且，花無百日紅，儲多個朋友，點都好過樹多個敵。

除咗好多人都鍾意跟紅頂白之外，好多時候同事之間嘅誤會亦都係好無謂。

我哋成日都會根據一個人嘅表情或者言行，去推斷佢嘅性格或者價值，未必真係了解佢嘅實際情況。畀個例子大家，以前做老師嗰陣，成日都會覺得啲工友好串、好惡，又冇禮貌。但後來當我主動同佢哋傾偈，先發現原來佢哋嘅工作係好忙碌，甚至乎有好多厭惡性嘅工作都要交畀佢哋處理。所以，佢哋未必會有心機帶住笑容返工，更加未必有咁多時間同你打招呼。如果因為佢哋嘅面部表情而判斷佢哋係「冇禮貌」，咁樣真係對佢哋好唔公平。

其實一聲「唔該」、「辛苦晒」就可以改變整個氣氛。當你主動對所有同事表示尊重，唔單止會令大家嘅工作舒服啲，連你自己都會喺呢種互相體諒互相關心嘅氣氛之中工作，建立人與人之間真正嘅連結。尊重唔應該分階級，「你對人點樣，人哋就會點對你」呢一個係好簡單嘅理論。

喺新入職同事需要協助時，亦都唔好吝嗇，不妨主動協助佢哋適應工作流程同埋了解部門文化。當你主動稱讚對方、公開多謝對方幫忙，唔單止會令對方開心啲，仲可以提升彼此信任，令成個團隊合作得更加順暢。

最後，都係嗰句啦，如果大家市儈啲咁諗，你係幫緊公司推動一個更和諧、互相欣賞嘅文化。如果你嘅上司睇到，亦都有可能更加欣賞你、更加信任你，團隊更加穩定，公司整體氛圍都會有改善。

做人唔好跟紅頂白，唔好見高拜見低踩，每個崗位都係咁重要，少咗其中一員都只會對你自己帶來不便。唔好等到有一日，全部茶水姨姨一齊劈炮唔撈，你先至知道佢哋嘅重要。

chapter 4 打工仔篇

職場生存攻略

#01

WhatsApp 頭像轉做風景最穩陣。

唔知大家會唔會偷睇同事 WhatsApp 張 profile picture 😂，然後就會透過佢張相去估佢係一個點樣嘅人，或者估佢嘅私生活。

喺呢個資訊透明、社交平台無處不在嘅年代，你嘅個人形象早已唔再只係你平時待人接物、行為舉止咁簡單，就連你 WhatsApp 張相，以及你任何社交平台都可能影響其他人對你嘅觀感。尤其喺職場上，有時一張自拍、一張旅行相，都可能變成茶餘飯後嘅話題，畀人標籤咗都唔知。

香港地好多人對部分嘅職業都有特別高嘅道德標準，例如社工、老師等，如果佢嘅頭像係一張同伴侶嘅合照，可能會令同事對佢嘅感情狀況好有興趣；如果佢嘅頭像係着住泳衣／背心短褲，亦都會被同事談論佢嘅衣着。

有啲人會選擇低調啲，唔公開相片、任何社交平台都唔會 add 同事，目的唔係懶神秘，而係希望將私人生活同工作劃清界線，保護自己，煩少樣嘢。有啲上司甚至乎會因為你嘅私人生活而改變對你專業能力嘅睇法。

雖然只係一張 profile picture，睇落無傷大雅，而且只係一個好微細嘅社交細節，但係原來都可以成為其他人茶餘飯後嘅話題。當然，唔係叫你一定唔可以用一張自己喜歡嘅相，每個人都有獨特嘅生活風格同埋自由，如果你嘅同事有心講是非，就算你 WhatsApp 冇相佢哋都可以講一餐。不過，保持自己嘅專業形象的確好重要，例如用同伴侶嘅合照又或者夏天衣着做頭像的確無傷大雅，但係例如用一張自己飲得爛醉嘅照片就未必太合適。所以，用自己鍾意嘅相梗係冇問題啦，但係都要平衡一下邊一張相會比較合適。

除此之外，大家亦都可以善用唔同社交平台以及溝通軟件嘅功能，如果大家真係好想用一張自己喜歡嘅 WhatsApp 頭像，但係你覺得有機會畀公司班人批評你，咁就不如直接限制部分聯絡人睇到你嘅頭像；甚至乎可以有一部 work phone，專係應付公司嘅人。另外一個好處就係收工及放假冇乜重要事就直接熄電話，保持 Work-Life Balance。

初初入職嘅我，好容易將「對同事友善」同埋「同同事做朋友」混淆咗，漸漸地就會發現返工並唔係交朋友，唔需要將所有嘢都同同事分享，尊重彼此之間嘅私隱，保持基本尊重同界線，咁樣嘅關係就會更加健康。

#02

永遠都要同熟客保持兩秒距離！

阿榮做咗幾年前線銷售員，有唔少湊客嘅經驗，但係都畀個熟客跣咗一鑊！😮‍💨

有一次，公司做緊嗰個優惠咁啱完咗，但係阿熟客就問阿榮可唔可以通融一下，做埋個優惠畀佢。咁阿榮就心諗：「呢個客平時都好好，又成日都過嚟幫襯，雖然啱啱個優惠完咗，但係都照畀個優惠佢啦！」

點知過咗兩個星期，阿熟客又過嚟，不過今日阿榮放假，所以由另一位同事跟。呢個客又想拗折扣，當同事話冇呢個優惠時，阿熟客就話：「上次阿榮都側側膊照畀我啦！」之後，公司當然有搵返阿榮問清楚，仲警告佢唔可以擅自改公司政策。阿榮唔單止尷尬同埋唔開心，佢更加明白咗：永遠都要同熟客保持至少兩秒距離！

✅ 1）關係好 ≠ 咩都講得

好多人都會有種錯覺以為同客戶或者同事熟絡，就可以乜都講。當然工作嘅時候同所有人保持良好關係係一件好事，唔單止可以令到日常合作更順利，更加可以令到自己返工開心啲。但千祈唔好將私人情緒、工作煩惱、對上司嘅不滿等，乜都同人講。

分享得太多自己私生活，可能會影響自己嘅專業形象；同人分享自己嘅工作內幕，可能變成把柄，甚至流傳出去，影響你嘅工作。熟還熟，始終要分清楚場合同身份。有啲內部消息、流程細節，唔需要乜都同人分享。講多錯多，有時你以為係幫緊人，其實係累緊自己。😮‍💨

✅ 2）唔好令人覺得你「偏心」

無論你做咩職業都好，如果畀人覺得你對某啲熟客／人群特別好，就會造成一種對其他人唔公平嘅感覺，影響團隊合作及其他客人對你嘅觀感。熟唔熟同偏唔偏心好似係兩件唔同嘅事，不過，太熟絡，界線就會變得模糊，一啲少少嘅動作或者對話都有機會令人誤會。

模糊嘅界線除咗係你對某啲熟客／人群嘅態度之外，亦都有機會令你對處理工作嘅界線開始變得模糊，如果你想返返轉頭嘅話就會變得更困難。

✅ 3）保持距離，尊重彼此嘅空間

保持距離唔等於冷漠，反而係一種尊重。你可以保持親切有禮嘅處事方式，但唔代表你要交換社交平台嘅帳號

以及電話號碼。咁樣一嚟可以畀返啲喘息空間自己，唔使收咗工都繼續開工「湊客」；二嚟都係保障大家個人資料嘅方法；三嚟亦可以避免衍生其他誤會。

界線清晰，先令人安心；如果你次次都好易話為，乜都通融，咁樣會令人覺得你冇立場，甚至會被人佔便宜。

✅ 4）保護自己，亦係保住份工

你以為幫個熟客人哋會多謝你，可能轉個頭人哋反過來話你幫得唔夠，或者覺得係老奉；你以為分享一下自己嘅想法冇乜所謂，可能人哋第二日就投訴你唔專業。

好多時你做多咗嘢，唔止公司唔知，連你上司都未必知。一旦出事，被問責嘅一定係你。與其冒風險，倒不如一早set清楚界線，讓對方知道有啲乜嘢你係可以幫到手，有啲乜嘢係你能力範圍之外，你都愛莫能助。

熟客可以喺事業上面幫到你好多，但係另一方面亦都可以令到你身陷險境。職場唔係交朋友嘅地方，要懂得分輕重、保持自己嘅原則，先可以繼續為你嘅熟客帶來更優質嘅服務（你亦可以保住份工 😂 ）。

✅ 5）維持專業，係你最穩陣嘅頭盔

同事、客人、合作夥伴都可以熟，但要有個底線。當你清楚咩係講得、咩係做得，唔容易被人「利用」；反而人哋會更加尊重你，知道你係一個有分寸、專業嘅人。

人係好得意㗎，見到你好脸善，好易話為，就會踩住你心口上，挑戰你嘅底線。但你堅守自己嘅原則，反而大家會畀面你。又或者當你係老細，如果有重任需要委託員工處理，你可能都會邀請一個比較值得信任、有原則嘅員工，而唔係搵一個乜都冇乜要求、冇乜所謂嘅員工，而嗰位比較值得信任嘅員工亦都可以得到更加多工作及學習（甚至係晉升）嘅機會。

無論係同同事、客戶、上司定係學生家長，講到底，都係一種工作關係。提醒自己要保持界線，以專業嘅態度處理每一個情況，保持身份清晰、界線明確；既係對自己嘅保護，亦係對其他人嘅尊重，令自己喺專業層面上更有說服力💪。

最後一句提醒：再熟都要留兩秒距離，保持分寸，先係職場生存之道！

#03

返工啫，唔使吓吓都 24 小時 on call 嘅！

我就問！大家到底有冇合約精神㗎？明明份合約寫你返朝九晚六，你就 OT 到 2046，返到屋企仲要覆 messages ？！

有冇試過老細夜一夜先搵你，不論係問你好簡單嘅問題又好，定係有嘢急住要你幫手又好，你都覆咗？

有冇試過放大假嘅時候，有同事急 call 你，你又真係聽咗？

你咁樣 24 小時 on call 法，唔講，我真係以為你好高人工。

對於好多打工仔嚟講，「24 小時 on call」係好多行業中好難避免嘅現實。雖然份合約寫得清清楚楚有固定工作時間，但事實上，唔少人即使收咗工／放緊假，都隨時會有緊急嘢等你即刻處理，甚至乎畀人急 call 返去處理突發情況。

例如公司有突發事件，而你又咁啱住得近、你有權限，或者單嘢成日都係你跟開，幾多點都好，都有可能要即刻返去處理。甚至有啲同事 OT 唔見鎖匙、鎖唔到門，就 call 你幫手。咁樣真係好辛苦，明明唔係直接關你事，但係好似好難避免要隨時候命咁。

公司嘅通訊群組特別喺繁忙月份，往往響個不停，無論係同事間討論事情，定係老細安排突如其來嘅任務，啲 messages 真係可以響到深宵。如果選擇唔覆住，可能會畀人覺得你唔合作、hea 做、冇 team spirit；你覆咗，就變相接受自己要 24 小時 on call，亦都係代表唔使瞓。長期咁樣落去，壓力真係好大，亦都有機會因此而失眠，影響健康。最誇張係有啲上司好鍾意夜晚搵人傾偈，隨時隨地打嚟問問題或者要人幫手，如果你冇即時回應，可能會被寫落小器簿，甚至影響之後嘅合作關係🥺。

雖然現實係咁，但打工仔都真係需要主動為自己設立清晰嘅界線。非緊急情況下，可以考慮將工作群組設為靜音，又或者私人時間唔撳入去睇；如果有突如其來嘅電話或指示，可以表明自己好樂意喺工作時間內處理，表示自己有責任心之餘，亦能劃清私人時間及辦公時間嘅界線。當然，如果真係有啲好緊急嘅事件，而且又真係得你先處理到，我哋作為打工仔都真係冇乜辦法，不過就要記得根據個別情況靈活應對💁🏽‍♀️。

緊急情況固然要靈活處理，呢個係專業表現；但都要懂得識別真正嘅緊急。如果係出現一啲好嚴重嘅問題，又或者重大錯誤，可能真係需要即刻處理；但如果只係一啲日常文件、流程變動、資料更新嗰啲嘢，其實等到返工先處理都冇乜問題。（有咩就返工先同我講！）除咗你自己之外，你嘅團隊亦都要學識合理安排處理工作嘅時間，唔係所有嘢都真係咁死人冧樓，學習放輕鬆都係一種理想嘅工作態度。

24 小時 on call 呢種風氣的而且確喺好大部分嘅行業裡面存在，但唔代表呢種模式係健康或者合理，設立界線係對自己職業同埋對你屋企人／身邊嘅人嘅尊重。面對唔同情況我哋都要靈活處理，學會分清輕重緩急，先能夠喺壓力中保持平衡⚖️。

不論係突發事件定日常溝通，打工仔都要學識喺工作同私人生活之間搵到平衡點。適當地訂立界線，唔係自私，唔係斤斤計較，更加唔係懶惰，而係對工作嘅長遠投入，以及對自己心理健康嘅保護💚。

#04

唔需要畀同事知你自己有車。

「喂！ Peter，我哋有份急件要送去觀塘呀，你一陣間可唔可以順便揸車拎過去呀？」

順便？我住北角，公司喺上環，請問點解觀塘會係順便呢？就算當觀塘都喺港島，點解老奉我一定要揸車拎過去呀？

唔知大家有冇呢啲經歷，唔知點解總有啲人會覺得你有車就好似有隨意門咁，去邊度都變得非常之「順便」，而呢啲人一啲都唔會覺得唔好意思。🤷

喺香港，好多人都會揸車，雖然泊車真係唔易🚗，但係無論係喺日常生活定係喺工作上面有部車的確係一件好方便嘅事，甚至乎可以好幫到其他人㖭。不過，呢份「方便」有時亦會為你帶嚟不必要嘅麻煩——特別係你班同事知道你有車之後，佢哋就會好鍾意搵你幫手，最後只會增加你自己嘅壓力。

有車嘅打工仔好容易會變成公司嘅「義務司機」，例如公司搞團隊活動，如果公司租嗰架車唔夠位，就會搵你幫手載人；有啲跨區 meeting、客戶拜訪、送文件去其他公司，又或者突發任務要載物資過去，都會自然咁搵上你。幫人本身係好事，特別當你嘅支援令整件事順利完成，會有少少滿足感😀。但係，當次數變得頻繁，或者請求嘅性質超出你能力範圍，呢種情況就可能會令你感到不堪重負，甚至影響到自己嘅日常工作。學習點樣適當而禮貌地拒絕，係保護自己嘅時間同資源嘅重要技巧💚。

有啲公司或者部門，仲會將你部車當成「部門資源」用，例如要人搬嘢、活動物流支援，甚至成件事變得好應份所以唔會畀返交通費補貼你，最後就搞到自己唔開心😔。呢啲情況的確令人無奈，所以我哋要設立清晰界限，讓幫助變成一種快樂嘅選擇，而唔係一種負擔。

另外，如果真係要幫手送貨／拎嘢或者出 trip，不妨善意提醒公司記得要做返適當安排，包括交通費補貼，甚至留意一下保險嘅條款。尤其係公司活動有機會涉及風險，倘若大吉利是有咩意外，而保險又唔包嘅話，公司冇保障你，咁到時唔止係你出事，公司都難以交代。

當然，幫助別人係一件正面嘅事，亦無須因此而隱瞞自己有車。只係需要提醒自己，要懂得界定幾時真係要伸出援手，幾時需要設立清晰嘅界線保障自己利益。同樣地，當你需要其他有車嘅同事幫忙時，都要記得表示感謝，唔好當人哋嘅幫助係理所當然。建立一個互相尊重嘅工作文化，令幫助變成一種雙向嘅恩惠，而唔係壓力同埋不安。

有部車係一種生活上嘅便利，但如何平衡呢份便利同職場上嘅需求，就係一門值得學習嘅藝術。用正面嘅態度去看待呢啲情況，同時記得適時表達自己嘅感受，無論係接受請求定係婉拒，都係一種成熟又重要嘅人際技巧。

#05

幾時先係覆 WhatsApp 嘅適當時間？

👉阿榮係「最愛上班」型員工，一見到有公司 messages，唔理任何時候、做緊咩佢都會即刻回覆。因為佢覺得快啲清晒啲 messages 就冇眼屎乾淨盲，感覺會輕鬆啲，同埋少一個顧慮。

👉Peter 就同阿榮完全相反，佢一收工就會即刻 mute 晒所有公司嘅 groups，佢將返工嘅時間同埋收工嘅時間分得好清楚，有咩留返開工先好同佢講。

👉Lisa 就中間，佢覺得想覆就覆，又或者視乎嗰樣嘢有幾緊急，同埋睇吓係邊個 send 出嚟。

你公司有冇 WhatsApp groups？你通常會點覆？即刻覆？定係過幾個鐘先覆？定係收咗工就唔會再睇任何公司 messages？

幾時覆 WhatsApp 係一個學問，覆得快、覆得慢，定係直接唔覆，都可能會引發唔同嘅誤解同壓力。

如果你每次都即時回覆訊息，老細可能會覺得你好得閒，甚至期望你每次都覆得咁快。呢種習慣容易加重自己嘅壓力，亦可能令其他同事覺得自己回應速度唔夠快，搞到其他人好大壓力。覆得太慢，老細又可能會覺得你唔夠積極😅，甚至對你嘅專業態度有疑問。

好啦，咁喺返工時間內回覆訊息囉！成件事其實好合理吖，公司嘢就梗係返工做；但老細可能會覺得你工作時間內一定成日揸住部電話，甚至乎會覺得你冇嘢做。

如果一到收工時間就準時覆，又會覺得你做咩咁準時收工。

咁如果等收咗工之後慢慢先覆呢？老細可能會覺得你喺度「掭波鐘」⏱️，特別係訊息內容涉及翌日需要處理嘅事情時。睇咗但冇即時覆、藍剔或者「已讀」狀態可能會令對方感到被忽略，甚至會覺得你態度唔夠認真。

Lunch break 覆喇好未呀？又可能會令老細覺得你食飯時間太長，或者質疑你時間管理能力。但事實上，午餐時間係你寶貴嘅休息時段，你就應該畀自己一個喘息嘅空間，冇乜嘢都唔好覆啦。

咁即係點樣都唔啱啦？有冇咩應對策略呢？

我哋自己要首先設定清晰界線，同時亦可清晰地讓同事知道自己嘅工作時間同回覆訊息嘅習慣，唔係叫你同人哋講到明：「我淨係會一點至三點先覆 messages 㗎咋！」而係可以讓同事知道你係傾向喺返工時間內處理訊息，而非即時回應所有請求。

同時，善用不同溝通軟件嘅狀態功能，清楚顯示自己嘅工作時間或者表示自己暫時無法回覆，讓對方知道你嘅情況，以避免引起不必要嘅誤會。

當然，有緊急事項就應該要儘快處理，而一般嘅訊息可以安排喺較空閒嘅時間回覆。如果係涉及到當日重要事項，亦可試吓儘早處理，等自己唔使咁大壓力。喺能夠接受嘅範圍內，保持適當嘅回覆速度，而唔係每次收到通知就即刻處理，避免打亂工作節奏同生活平衡。

好老實咁講，幾時覆 WhatsApp 係冇最適當嘅時間，根本就唔會有標準答案，但透過同同事清晰溝通、設立界線，並學會分類緊急事項，就更加有助管理工作及個人時間，減輕心理壓力💚。

反正，幾時覆 WhatsApp 都可能有人會有意見，咁不如跟返自己嘅步伐，唔好畀太大壓力自己了👥。

#06

千祈唔好畀電話號碼啲客！

喺做嘢過程中，員工同客人之間嘅溝通當然好重要，但點樣保持專業並設立個人界線係非常重要嘅考慮。雖然直接用自己電話號碼聯絡客人睇落好方便，但背後其實隱藏咗唔少風險同挑戰😓。

私人電話號碼屬於個人生活嘅一部分，一旦畀咗出去，就好容易模糊咗工作同私人嘅界線。即使你有講明話只限辦公時間聯絡，但現實係總會有啲客人無視你提示，任何時候，甚至連你放緊假都一樣照搵你。搞到你完全冇私人空間，無啦啦額外多咗堆精神壓力。

好多人為咗方便，會選擇用自己手機回覆客人，但其實好多公司都未必鼓勵咁做🙅🏽‍♂️。畀電話號碼客人，除咗容易導致對方過度依賴，仲有機會引起同事及客人嘅誤會。例如有同事堅持唔畀電話號碼客人，如果大家處理方式唔一致，可能會令人覺得呢間公司內部存在偏袒或者不公平嘅情況。

其實客人完全可以喺辦公時間內透過公司正式渠道搵你📞，例如公司電話、電郵、客服平台，甚至安排會面，建立一個專業而有序的聯繫方式，咁樣既專業，又唔會過分入侵你私人時間。反而，分享私人電話號碼，可能會引發不必要嘅干擾，例如晚間或週末收到非緊急問題嘅訊息或者來電；甚至發展到問埋啲私事，影響你個人生活嘅平衡😩。

其實，要同客人建立良好溝通，唔等於要犧牲私人空間。適當距離係必要嘅✨，可以令對方對你保持尊重，又唔會期望過高，亦減少無謂誤會或者越界情況發生。始終，當客人發現你同其他人嘅關係太密切，難免會覺得你唔多唔少都有啲偏袒，影響其他客人對你嘅信任。同時，其他客人亦可能會期望你一視同仁，結果你越做越多，壓力爆煲🔥。

要專業，就要識得保護自己，設立合理界線，唔係自私，反而係一種職業操守💪🏾。長期維持「隨時回覆」嘅狀態只會令你情緒疲憊，令你嘅私人生活被吞噬。設定清晰嘅規則，唔單止保護自己，更會令你長遠工作得更加穩定有效率⚖️。

另外，有時我哋都要慢慢教育啲客，讓佢哋尊重辦公時間，明白我哋係會放工、要休息，唔可能長期

standby。亦唔需要所有嘢都我哋自己一手包辦，唔同部門有唔同崗位，適當分工先可以長遠運作落去（咁當然啦，每個行業都唔同，有啲行業例如要跑數嘅、計佣金多勞多得嘅，就可能要自己跟得貼啲）。但客人都要明白，你唔係淨係服侍佢一個，就算真係有緊急情況，都唔代表一定會被優先處理，因為佢嘅緊急情況並唔一定係你最首要處理嘅事項。而且，佢都可以打返公司或者搵相應部門，而唔係直接搵你私人電話。

始終，當你畀人知道你同部分客人嘅關係太密切，難免影響其他客人對你嘅信任。設定清晰嘅規則，唔單止保護自己，更有助你嘅工作得更加穩定、有效率。

chapter 5 打工仔篇

揀工轉工攻略

#01

市道咁差，使唔使諗定轉行好呢？

阿榮間公司突然話會裁員，雖然佢未喺名單上，但佢成個月都瞓得唔好，日日擔心會唔會下一個就輪到自己。

另一邊廂，Lisa 間公司啲生意亦都越嚟越差，佢都不斷問自己：「係咪應該趁仲有選擇，諗定轉行好呢？」

近年市道都唔係幾好，唔少公司縮減規模，甚至乎執完一間又一間，搞到成班打工仔日日都提心吊膽😮‍💨。

另外，亦都有某啲行業越嚟越飽和，例如教育咁，老師嘅人數越嚟越多，年年都有好多新老師入行，但係年年都有學校執笠。加上，好多行業都被科技／人工智能取代；整個社會經濟亦唔係十分蓬勃，好難免各行各業都會有一定程度嘅擔心。

個環境好似唔係好理想，咁我應唔應該諗定轉行呢？

每一份工作都有自己嘅困難，或者可以換個方向咁樣諗吓有咩辦法可以提升自己嘅競爭能力💪。

未來充滿未知之數，例如香港製衣業曾經好蓬勃嘅時候，大家都未必估到原來呢一行喺香港都會有息微嘅一日；但當製衣業息微嘅時候，一直好好裝備自己、提升自己競爭能力嘅人就有較多機會嘗試其他行業，搵到其他出路；反而，安於現狀嘅人，喺公司結業嗰刻就會好徬徨好手足無措。

就算你而家做緊咩行業都好，大家都有唔同崗位同個人之處，學習放眼世界，培養自己嘅前瞻性，你嘅「老本行」唔係你唯一嘅出路。現在你嘅工作就係你未來嘅踏腳石，每個人嘅前途都係無可限量，唔好因為前路充滿危機就卻步，反而應該要諗吓點樣裝備好自己。

我哋唔能夠期望個世界永遠都唔變，我哋能夠做到嘅係不斷改變自己，增值自己讓自己成為更好嘅人，即使世界點樣變都唔會輕易影響到我哋🥰。

#02

邊間公司好做？點搵一間啱自己嘅公司？

Peter 喺呢間公司做咗唔夠一個月就想辭職，話公司文化唔啱、同上司唔夾，搞到朝朝返工都好大壓力；但同一間公司同一個部門嘅 Lisa 就做咗五年都唔捨得走，覺得公司文化又好，同事又好，亦都冇乜工作壓力。

同一個工作環境，唔同人有唔同體驗，咁到底點樣先算係一間適合自己嘅公司呢？到底邊一間公司先好做呀？

搵食艱難，應該冇乜邊份工可以話係特別「好做」，亦都好難會搵到一間「好好做」嘅公司，唯一可以做嘅就係搵一個適合自己嘅工作環境。但到底點樣先可以睇得出間公司啱唔啱自己呢？老實講，除咗聽人講之外，其實都真係要做吓資料搜集，同埋真係做過先知。同一間公司，有人可以做到十幾年都唔走，亦有人做咗兩星期就話搞唔掂要辭職。

首先，搵工前睇清楚個 job ad，除咗要睇清楚人哋列出嘅工作內容同要求之外，記得要睇吓對方公司個網站，了解一下人哋公司嘅規模、文化、願景、部門架構等嘅最基本資訊。另外，亦可以試吓睇埋網上嘅新聞、評論或者員工分享；甚至乎睇吓社交平台，又或者網上討論區入面有冇人討論過。

透過以上資料，你大概可以睇到間公司嘅 style，評估一下工作量同步伐係咪啱你，甚至可以透過佢哋部門架構嚟了解一下公司裡面嘅結構。仲有一樣好實際嘅就係個車程，睇吓由你屋企出發返去嗰度要幾耐，亦都要留意唔好淨係睇公司嘅地區，係要睇吓佢嘅實際位置，例如嗰間公司喺沙田咁樣先算啦，沙田市中心同第一城都已經係兩條路線，你所需要嘅車程同埋時間都已經好唔同。睇清楚再申請職位，避免浪費心機、時間。

當你認真搜集完資料之後，都認為呢間公司係值得一試，就放膽嘗試💚。因為，冇可能單憑聽人講或者上網搵資料就能夠 100% 知道間公司啱唔啱自己。資料搜集只係第一步，如果有機會入到去，不管間公司最後適唔適合自己，就當係一個體驗。

個概念就同認識新朋友一樣，每個人都會對呢位新朋友有唔同嘅評價，你要同佢相處過你先會知道呢位新朋友啱唔啱傾；就算係識新朋友，都需要時間磨合。同樣，唔係個個人都可以一搵就搵到一間完全適合自己嘅公司，人同人之間要磨合，返新工亦都可以試吓畀多少少時間自己適應一下。

所以，間間公司都一樣有好同唔好嘅地方，份份工都有辛苦位，搵食就係咁艱難，最緊要自己勇敢嘗試一下，珍惜每一個工作機會，有陣時有啲嘢真係要試過先知道適唔適合自己！

#03

我應該點樣向下一間公司解釋我離職嘅原因？

✅ 阿榮：份工做咗一年，工作上冇乜問題，不過公司裡面好多小圈子，人事比較複雜。

✅ Peter：份工做咗五年，升職機會零，又唔加人工，希望搵個更有發展空間嘅崗位。

✅ Lisa：入咗新公司唔夠一個月，突然見到另一間公司有個更加好嘅 offer，所以想搏一搏。

如果你係佢哋，你會點樣向下一間公司解釋你離職嘅原因？

不論你呢一份工做咗幾耐都好，見新工嗰陣 HR 或者老細十居其九都會問你：「點解唔做上一份工呀？」

不過好老實，相信佢哋心入面大約都估到個原因離不開都係因為想搵晉升機會、上一份工做得唔開心、人工唔夠高、人事關係、上司難相處之類。但佢哋問，一嚟係想了解吓你嘅真實原因，二嚟都係想睇吓你嘅答題技巧／說話技巧。

所以，喺面對呢類問題嘅時候，記得用以下幾個方向回答：

第一：用正面積極嘅態度去回答

千祈唔好講舊公司嘅壞話，唔需要話畀人哋聽因為你做得唔開心所以辭職；試吓諗吓新公司有咩優點？例如：「上一份工我學到好多嘢，但我發現我比較擅長 xxx，見到貴公司嘅呢個職位可以 xxx，配合我過往嘅工作經驗，所以 xxx。」

或者諗吓自己嘅強項點樣幫到人哋間公司，例如：「我對 XXX（你嘅強項）特別有興趣／比較擅長，而貴公司正正有發展呢方面嘅機會，我希望可以再進一步發揮所長。」咁當然啦，以呢個例子為例，如果你真係咁講你就要確保你自己真係好擅長你所提及嘅強項，因為你咁樣講得，對方都好有機會向你再了解多啲相關嘅內容。

即使想轉新工，亦都要保持對上一份工嘅尊重，咁樣先可以突顯自己嘅風度同埋專業態度。

第二：了解對方公司嘅特色

做功課好緊要，你要喺見工之前先了解對方公司嘅文化、團隊、業務方向等，然後講點解你會想加入佢哋公司。咁樣除咗可以突顯你真係對份工有認真了解，亦可以令人感受到你嘅誠意同主動性，自然會提升你整體嘅印象分；

更可以表現出你係一個有目標、有方向嘅人，係真心希望同對方公司一齊發展，為佢哋團隊帶嚟貢獻。

第三：保持大方得體，不帶情緒

講真，離職得，一定係上一間公司滿足唔到你一啲要求，但係保持大方得體係非常之重要，新公司絕對唔會想聽到你講上一間公司嘅壞話，因為咁樣都代表住你有機會喺日後講佢哋嘅壞話。

所以，如果你離職嘅原因並唔係因為專業層面上，而係因為人事關係，即使唔係你嘅責任，係成間公司嘅風氣都唔理想，但係都千祈唔使講出嚟；就算真係好必須分享，都要表達得成熟而有分寸。例如可以傾向講吓團隊嘅結構，或者架構組織，主要從專業層面討論，唔一定要分享太多個人情緒及感受。

適當地包裝自己嘅句子其實好有學問，始終新公司嘅 HR 或者老細並唔認識你，所以建立一個專業又持平嘅第一印象就變得好關鍵。當然，唔建議過度包裝，否則會畀人一種虛偽、唔真實嘅感覺；但係適當控制你嘅用詞同講說話嘅角度，已經可以令你整體表現更有說服力、更令人信服。

#04

成日請人嘅公司係咪好伏？搵工嗰陣有咩要注意？

Lisa 近排搵緊工，佢見到有份工好啱佢，打算 apply。不過，佢成日都見到呢間公司出招聘廣告，覺得呢間公司一定好伏，一定成日都有好多人頂唔順辭職，所以先要係咁請人。最後，佢都唔敢 apply 呢份工，寧願再搵吓其他公司先 🙁。

相信大部分打工仔都會有類似諗法，覺得成日請人嘅公司好似流失率好高，自然會懷疑呢間公司一定好刻薄、啲人又麻煩，總之難免會有啲負面嘅諗法。但其實，「成日請人」唔代表一定有問題，「伏唔伏」亦都好睇個人，關鍵係你點樣睇清楚背後嘅原因。

事實上，每間公司要增聘人手都有唔同嘅原因：

- 最主要嘅原因就係有人離職，所以要補返呢個空缺
- 有人可能因為家庭原因，例如照顧屋企人、移民、個人原因離職
- 良禽擇木而棲，去其他機構發展或者嘗試其他職位

- 公司業務擴展，增聘新員工
- 公司改革，引入新項目，需要更多專業人才
- 當然，每一個人都有自己選擇離職嘅原因，有啲可能真係因為做得唔開心

由此可見，啲公司任何時候都可以有不同嘅原因需要請人，有人離職亦唔代表呢一間公司一定係好差／唔適合你。所以，喺搵工嘅時候，最緊要自己做好資料搜集，了解一下人哋公司嘅背景及情況；如果有機會見工亦都即管嘗試一下，因為你喺見工嘅期間其實已經可以感受到呢一間公司「伏唔伏」🤣，例如 HR 對人點樣、老細同你講嘢有冇尊重、員工氣氛係緊張定輕鬆等。

即使有人因為做得唔開心而選擇離職亦唔代表呢一間公司真係好有問題，因為每個人對同一件事都會有唔同嘅感受，就好似有人鍾意食榴槤，亦都有人唔鍾意食榴槤一樣。

不過，有啲公司真係出晒名特別嘅，可能上埋報有負面新聞嘅，咁大家就要諗清楚先去挑戰喇！

咁喺遮信方面又有啲咩要注意呢？

首先，最緊要係睇清楚自己份合約，睇吓啲通知期呀，假期呀，人工呀嗰啲嘢。

喺辭職通知期方面，有好多初出茅廬嘅朋友仔都會擔心使唔使早啲通知公司你想辭職，定係唔好咁快講呢？其實，最穩陣就係依照合約寫明嘅通知期去做。如果合約寫明兩個月通知期，就畀兩個月通知期，唔需要特登早啲講又或者遲啲講。另外，亦都可以計算一下自己嘅假期，安排一下邊一日 last day 對自己係最有利（你懂的）。

最重要係記得用正規嘅方法遞信，不論係用 email 還是實體信件都好，千祈唔好用 WhatsApp 呀 Teams 呀嗰啲網上溝通軟件去遞信，更加唔好就咁用口講；確保你辭職嘅文件要清楚交畀正確嘅人，以免發生誤會，最後影響你加入新公司嘅日期。

雖然係遞咗信，亦都搵到新工作，但係返工嘅嘢最緊要好頭好尾，記得喺離職前交代好手頭上嘅工作，你處理開嘅文件或者工具亦都清晰交低畀同事。如果情況許可，喺交代埋啲手尾嗰陣亦都可以用白紙黑字清楚列明，避免口同鼻拗。呢個世界好細，為自己建立專業嘅印象，未來有機會再次同呢一班同事合作嘅話亦都可以更愉快。🥰

#05

見工時有咩要注意？

大家有冇試過見完工返屋企嗰陣，就會覺得：「哎呀！早知啱啱咁答啦！」🤣

然後，就會後悔冇準備得好啲，亦都會覺得如果一早知道佢會問啲咩就好啦！

不過，無論最後成功與否，每一次見工嘅經歷都好重要，就好似有人免費幫你做 mock interview 咁，慢慢你就會越嚟越熟悉見工流程同埋對答技巧。

宏觀咁講，一般見工會有小組或者一對一形式，問嘅問題離不開都係自我介紹（有時仲要用唔同語言）、情境題、問答環節（考你對公司或工作嘅認知、過往經驗等）同傾吓偈咁。

首先，自我介紹睇落好似都係啲簡單嘢，咪就係介紹自己咁囉！

但絕對唔係淨係講自己咁簡單🤔！

老細喺呢部分可以睇到好多嘢，例如你嘅溝通技巧、自信、語言能力、表達能力，更加可以睇到你有冇做好準備同埋你嘅性格。呢個環節亦都係一個推銷自己嘅好機會，建立良好嘅第一印象就係呢個時候喇，所以千祈唔好隨便對待。大家可以簡單講自己嘅工作經驗同學歷，更重要係突出自己嘅技能及進修過嘅嘢，因為呢啲內容先更加有利你突出自己🤩。適當分享興趣同家庭背景，亦可以令老細對你有更深刻嘅印象。

另外，喺情境題同問答環節方面，就唔需要太擔心，💁🏽‍♀️最重要係做好功課溫好書，先了解人哋公司嘅背景、業務範圍同價值觀嗰啲。對答期間除咗多講自己之外，大家一定一定要記得講吓團隊合作嘅內容，始終做任何工作都好，團隊合作係職場中好重要嘅一環。準備充足，保持禮貌，用謙卑嘅態度回答，一般嚟講都唔會出現啲乜嘢大問題。

除咗答問題，有啲公司仲會要求即場做測試、寫報告甚至試做半小時工作。做好心理準備，保持平常心，心理質素係面試嘅一個重大考驗，過於緊張只會影響發揮。

見工嘅尾聲，老細通常會問：「你有冇嘢想問呀？」千祈唔好答冇啦🙅🏽‍♂️，亦唔好問啲會令人誤會你好著重利益嘅問題，例如工作時間、放假、工作量等。呢個係你第二次推銷自己嘅機會，可以講返啲你未有機會提出嘅內容，以及問啲幫你了解工作同專業成長嘅問題，例如員工進修嗰啲，令人覺得你好積極而唔會太扮嘢嘅問題等😄。

有部分行業或者職位除咗要見 HR／直屬上司，亦可能要見再高一級，同樣都係做好準備，保持禮貌及眼神接觸，就應該問題不大。

除此之外，不同職級見工都有唔同嘅要求，講嘅內容同埋視野都唔同；所以，謹記根據返自己 apply 嘅嗰份工作內容做好相應嘅準備，衣着方面亦會因應唔同職位有唔同嘅期望。

最後，約時間見工都係一個難題，因為我哋放工嘅時候人哋公司都可能閂咗門，基本上冇乜可能係可以放假／放工見工，除非你係返 shift。如果唔想特登攞假或者「射波」，你可以問清楚最遲見工時間，主動同對方夾清楚。多數公司都理解員工難請假，會儘量配合，但唔係每次都得，亦都未必間間公司都肯配合你嘅時間。

所以，如果你真係要請假見工亦唔需要特別感到內疚，只要請假或離職前做好手頭上嘅工作，有禮對待每一位同事，然後就專心預備見工嘅心情吧👨🏽‍💻！

#06

裸辭定騎牛搵馬好？

真心想知，有冇讀者係含住金鎖匙出世💰？

話唔撈就唔撈，對於大部分嘅打工仔嚟講都係一個好夢幻嘅事情，辭職唔係淨係「想唔想」咁簡單，而係「能唔能夠」。

可惜我爸不是李剛，亦不是李嘉誠，我人生唯一一次裸辭就係移民去英國🇬🇧，我每一次搵工都係騎牛搵馬，經濟因素係最主要嘅原因。並唔係所有人都有條件裸辭，大家喺轉工嘅時候都總會考慮一下自己嘅經濟壓力，確保自己有足夠嘅金錢可以生活。好似我本人咁，並唔係出生於富貴家庭，所以只能騎牛搵馬。

所謂騎牛搵馬，即係喺未辭職之前就已經要開始物色下一份工作，等有 offer 先離開。呢種做法雖然比較辛苦，但對於有經濟負擔嘅打工仔嚟講，無疑係比較穩陣。有穩定收入，至少唔使為每個月開支擔心，亦都可以照顧好屋企。

裸辭雖然聽落有啲奢侈，但唔代表係一件壞事，對於身心健康嚴重倶疲嘅朋友嚟講，喺未搵到新工作之前辭職，讓自己好好休息，反而係更適合嘅做法（如果出現精神及健康狀況謹記要搵專業嘅支援）。始終，大家嘅健康都係無價，冇一份工值得賠上身體及精神。

又或者，有啲朋友想藉住裸辭去進修、諗清楚轉邊行，或者創業，咁前提就係要有一定程度嘅儲蓄支持自己短期生活開支，並有清晰嘅方向同目標。如果唔係，就有機會增添自己同埋屋企人嘅壓力煩惱。

到底裸辭定係騎牛搵馬比較好，就要取決於你自己嘅情況。

決定前可以試吓考慮以下幾個因素：

- 經濟狀況：有冇足夠儲蓄 support 未來三至六個月生活？
- 家庭負擔：你需唔需要照顧家庭、供養小朋友或父母？
- 精神與身體健康：目前工作對你身心健康影響有幾大？
- 下一步方向：辭職之後你想做啲咩？有冇清晰嘅方向或目標？

有啲人會選擇裸辭，亦有啲人選擇做住一份工先，再慢慢籌備下一步。兩種做法都無對錯，最重要係清楚了解自己嘅現況，同埋自己需要啲乜嘢。

無論你身處邊個階段，都希望你能選擇一條適合自己嘅路，有一個開心健康嘅未來。

梨老師漫畫 #04

不要憂慮明天的事，
有咩留返聽日返工先做！

#07

唔好貪就腳，揀屋企樓下間公司做！

阿榮早排為咗方便啲，揀咗屋企對面間公司嚟做，諗住每日都可以瞓晏啲，又可以慳返啲車錢同埋搭車時間，點知做咗兩個月就想遞信。原來方便背後，代價可能比你想像中更大。

無可否認，揀屋企樓下間公司返工，表面上真係無得輸，絕對係一個慳車錢、慳時間嘅選擇，OT 到幾夜都唔怕冇車返屋企。但現實上，呢個選擇可能會為你帶嚟唔少挑戰。

首先，好多公司都有可能假設你住得近，叫你早少少返嚟、夜少少走都應該冇問題。慢慢就會變咗一有突發事情就即刻搵你幫手，可能你會被要求 keep 住公司鎖匙，有乜依郁都要你喺非辦公時間返一返去睇吓。甚至喺極端天氣底下時，你好可能會係最後一個可以離開公司嘅人，因為其他同事住得遠啲可以早啲返屋企，而你就要面對更多工作同責任 🥺。

你以為收工就係自己時間？唔好忘記：「你住得咁近，有急事一定搵你！」個人空間變得越嚟越細，工作與私人生活嘅界線變得越嚟越模糊。

另外，當你住得近公司，你會發現你同啲客嘅接觸會變得更加頻繁，放假嘅時候都有機會係咁撞到平時返工會見到嘅人，如果你嘅工作對專業形象有一定要求，咁都會影響你假日嘅裝扮，令你唔敢打扮得過於輕鬆。

屋企樓下開間啱你做嘅公司，好難唔心動。但搵工唔可以淨係睇距離，仲要諗清楚工作性質、責任期望等細節。喺屋企樓下間公司做，的確係好方便，但同時亦會帶嚟某啲挑戰，不過，揀屋企樓下間公司返工絕對冇問題，你返咩工都總會有人對你作出無理嘅請求，最重要大家能夠作出平衡，清楚自己嘅底線，識得點樣保護自己，又唔失禮貌地處理突發狀況，喺屋企樓下返工都可以 100% 係件好事嚟㗎！

#08

第一日返工有咩要注意？

阿榮啱啱大學畢業，呢一份係佢第一份正職。開工前一晚佢仲緊張到瞓唔著，入到公司嗰刻，手心都係汗。

Lisa 有幾年工作經驗，今次轉新公司，本來佢仲覺得自己上手應該好快，點知呢間公司個制度同埋流程完全唔同，好多嘢都要重新適應過。

至於 Peter，今次係升職跳槽，開心之餘都有啲壓力，畢竟新公司對佢期望高啲，而且今次仲要係佢第一次處理管理工作，對佢嚟講係一個好大嘅挑戰。

三個人，三種新開始，一樣都係要重新適應新環境。咁……第一日返工有咩要注意？

無論你係應屆畢業生還是已經有好多年工作經驗，喺新環境工作總會有啲壓力，不過正面咁樣睇其實都係一個好好嘅成長機會👑！

第一日返工，我哋除咗要調節自己嘅心態，同時亦都有啲嘢要注意㗎喎：

唔好再當自己實習生

大學或者 High Dip 嘅時候，我哋係以學習者嘅身份進入公司實習，擺到明就係嚟學嘢，所以輕微嘅犯錯或者甩漏都唔會有人特別怪你。但係當你成為一位正式錄用嘅員工時，個情況就同實習／讀書嗰陣完全唔同㗎喇！公司請你返嚟當然係期望你已經準備充足，一入嚟就已經幫到手，並唔會期望畀錢請個人返嚟學嘢。

雖然係咁講，但係都唔需要過於緊張，又唔係講到出咗嚟做嘢就完全冇機會學習同埋進步，亦都唔係完全少少錯都唔可以犯。無論大家做到邊一個職位，大家每一日都係學習緊，最重要嘅係我哋一定要擺脫「實習生心態」，相信自己喺相關嘅範疇係專業嘅，保持自信，同時保持樂於學習嘅心，咁樣我哋嘅工作就一定會事半功倍🙌!

熟悉公司文化與制度

無論你有冇工作經驗，新入職最重要係適應新環境，儘量了解公司文化、工作流程等。唔同公司有唔同玩法，就算係同一個行業都可以有唔同規矩同埋程序，所以：

- 熟悉自己嘅工作崗位及環境
- 了解公司文化、運作流程、工作要求等

- 了解不明文規定（例如部門嘅文化同埋習慣等）
- 如有需要可參考內部文件
- 熟悉部門嘅重要事項，避免重複問同樣嘅問題

返工嘅第一日，記得提早少少返到、睇清楚有冇特別服飾要求、有冇啲咩文件要帶或者其他重要事項要注意等，亦都要確保自己清楚一切流程。

💁🏾‍♀️ 識人好過識字

工作都唔算係新環境最難搞嘅嘢，人事關係先係最大嘅挑戰。返工唔需要刻意融入某個圈子，亦都唔需要埋堆，最重要係尊重每一位同事，保持友善同專業嘅態度☺️。

- 主動向所有同事建立良好關係，合作自然順暢，工作亦會更愉快
- 保持清晰具透明度嘅溝通、主動交代工作，唔好等人畀嘢自己做／等人催
- 喺遇到困難嘅時候亦無須過於擔心，最緊要識得尋求協助，同其他同事交流亦係一個幫助自己專業成長嘅方法；喺其他同事有需要嘅時候，亦都不妨主動支援，建立一個和諧互助嘅團隊

- 如果對同事有意見，必要時可以嘗試以有禮嘅態度向對方反映，而非向第三者分享
- 同各方建立良好嘅關係時，亦要留意彼此之間嘅距離，避免引起不必要嘅誤會

公司裡面每一員都係咁重要，保持中立，友善有禮對待所有人，同時謹記要將私人事務及工作分開，尊重彼此嘅私隱。「識人好過識字」呢句說話真係冇呃你，人際關係處理得好，唔單止係做人嘅基本禮貌，亦係為咗建立良好嘅工作環境，更加係喺你有需要嘅時候更容易得到支援。

悶到嘔，但一定要知嘅嘢

每份工都有好多功能，例如老師唔止係教書，仲有好多行政工作同埋文件；售貨員唔止係售貨，仲要跑數同清潔等。而且，工作內容有可能會因應個別公司而有變動，所以確保自己唔好做漏嘢，大家亦可留意：

- 清楚自己負責文件嘅要求同埋遞交時間，避免因為唔了解而引致其他唔愉快嘅事情發生
- 適應公司嘅通訊方式（內部通訊 App、Slack、Teams、電郵等），確保唔會錯過重要通知；同

時亦要留意回覆訊息嘅時間，避免讓對方誤會你可以隨傳隨到，亦都唔好讓人哋誤會你逃避回覆

- 如果要對外溝通（例如客戶、其他合作單位等），記得保持良好溝通，了解對方嘅期望，亦要掌握回應唔同人嘅技巧

只要盡力完成自己嘅份內事，確保工作流程順暢，咁大家就會開工大吉！

💁🏽 準備充足，定過抬油

喺職場裡面總會有好多突發事件，為咗讓自己能夠臨危不亂，如時間許可，最好就係做定兩手準備：

- 預先熟習公司背景、產品／服務內容
- 整理返過往工作經驗，嘗試應用喺新工作上
- 大包圍預計吓第一日可能遇到咩情況，例如要自我介紹、新任務、參與會議等

另外，喺日後嘅工作中，可以提早作出準備，唔好等到真係要交嗰一刻先做，避免臨時有嘢要修改，或者有突發事情發生而阻礙咗你原定嘅計劃。更加可以預備 Plan B，例如突然要 present、突然有人請假要你幫手等，唔

怕一萬，只怕萬一。準備充足係好緊要，不過都要放鬆心情，輕鬆面對每一項挑戰💚！

💁🏽‍♀️ 放鬆心情，Hea 住認真

☺️ 返新工最容易出現嘅情況就係過分焦慮，總係覺得自己做得唔夠好，但請謹記：

- 冇人一開始就係完美，你老細都唔係完美
- 無論你有幾多工作經驗，大家每天也在學習，每日都有進步嘅空間，學海無涯
- 少許嘅犯錯無傷大雅，每一次撞板就係成長嘅機會
- 遇到困難最弊就係收埋收埋唔問人，團隊之間互相合作係十分之重要
- 得閒學吓嘢都係好，吸收更多技巧，增廣自己嘅見聞，同時亦要懂得應用喺實際嘅情況上面
- 你老細請得你就即係信任你，咁就冇必要懷疑自己啦

第一次出嚟做嘢或者轉換工作環境，真係比較容易病！壓力、轉環境、用聲多、坐姿唔好，加埋都好易出事！

☺️溫馨提示：

- 多飲水、唔好成日食零食頂肚
- 保持充足休息，確保有精神應付排山倒海等緊你嘅工作
- Work-Life Balance 好重要，冇乜嘢都係唔好攞工作返屋企做喇，放工就好好休息
- 尊重合約，準時上班，準時收工

我哋嘅人生係有好多嘢都比工作更重要，公司冇咗你其實冇乜好大嘅問題，但係對於你愛嘅人嚟講，同你相聚嘅每一刻都係十分之重要！工作嘅時候認真投入，放咗工就好好享受自己嘅私人時間喇！

對於有工作經驗嘅朋友仔嚟講，面對任何工作環境都請保持平常心，擁抱每一個新嘗試，同時亦謹記：

- 過往嘅工作經驗好重要，但唔代表喺新公司一定要用返舊有嘅方法
- 多了解新公司／部門嘅文化，彈性適應新制度及做法
- 保持開放及接納嘅學習態度，推動自己持續進步

大家所累積嘅閱歷係一種財富，喺適當嘅時候運用，並同其他同事互相交流，係非常之有助大家嘅專業成長。第一份工或者轉換工作環境可能會特別感到有壓力，但千祈唔嚇親自己！公司請得你，就代表佢哋相信你嘅能力，而你要做嘅，就係相信同裝備好自己，努力學習並保持自信！勿忘初衷，共勉之！

chapter 6 打工仔篇

不人道對待

#01

冇乜嘢都唔好飲水！

今次同大家分享我自己嘅故事，話說我嚟到英國第一份工係去咗做地產，有一日老細問我點解每日都要去三四次廁所，問我係咪有病，佢表示自己一日都去唔到兩次廁所，佢更加溫馨提示叫我如果想好似佢咁成功就去少啲廁所😂。

以前做老師嘅時候，一個人帶住一大班小朋友，真係冇乜機會去到洗手間，又或者工作繁忙根本都冇時間處理生理需要，最後搞到自己唔敢飲水。

相信唔少打工仔都試過：工作一忙就唔記得飲水、忍住唔去廁所；甚至乎擔心喺開工／開會嘅時間去洗手間唔係幾好，儘量都喺最有需要嘅時候先去。

但係好老實，呢種習慣對身體嚟講，係一個長期折磨，你份人工值得賠上身體嗎？

每一個工種都有唔同嘅需要，有啲工作係需要成日用聲，有啲工作成日都需要郁動，或者工作環境比較炎熱／翳焗，對水份係有更加大嘅需要。長時間唔飲水除咗會令你喉嚨乾、聲沙之外，唔使講大家都知道有好多壞處啦。如果再因為怕麻煩忍住唔去洗手間，就更加唔使講都知道對你嘅身體有幾咁唔好，長遠可能會導致膀胱炎、尿道炎，甚至對腎臟造成負擔，最後只會係一個惡性循環。都係嗰句：你份人工值得賠上身體嗎？

當然，搵食真係好艱難，唔辛苦邊得世間財？但係，如果你病咗咪又係要請假，工作最終都會受影響。喺另一個角度睇，你喺工作期間去洗手間／多喝水其實都係為公司整體嘅運作著想。所以，千祈唔好太過緊張，即使再忙，都要好好照顧自己呀💚!

#02

生仔都有罪？

「佢又要生仔喇！佢真係賺晒啲產假㗎喎！」

「黐線，佢生仔就放產假踮踮腳收錢，又唔係我哋生仔，我哋就要做埋佢嗰份！」

唔知大家有冇聽過有同事咁樣講嘢，又或者你自己有冇曾經咁諗過？😕

我哋一齊嘗試理解一下點解有人會咁樣諗，感覺好似好唔公平，覺得自己嘅工作量因為同事嘅家庭計劃而被迫增加咗，同時亦都覺得羨慕人哋放咁長產假，自己就日日OT。

不過，呢一種諗法對想組織家庭嘅同事係好唔公平，在職人士唔可以生小朋友㗎咩？

「生仔都有罪？」呢個問題聽落好似有啲誇張，但其實係不少職場家長心中嘅無奈寫照，尤其係對女性嚟講。生育本應該係一件人生好重大嘅喜事，但對某啲人嚟講，卻可能變成一個職場嘅壓力來源。有時候，除咗會引起上司內心暗暗嘅不滿，亦都可能會引起部分同事嘅不滿。😓

喺工作量分擔方面，當有同事懷孕或者放產假，雖然公司理論上會安排人手頂替，但實際上其他同事有機會要承擔額外工作。另外，部分產後返工嘅媽媽需要喺工作期間抽少少時間出嚟處理母乳，又或者需要彈性時間接送小朋友，個別行業有機會因此需要其他同事暫時 cover 一下。雖然大部分嘅協助都係舉手之勞，但係有時候，同事們未必明白或者接受，無形中對媽媽造成心理壓力。

即使懷孕，好多打工仔仍然需要繼續進行繁重嘅工作。當然，職場上面所有人都係平等，每個人都有責任要完成自己嘅工作。不過，有啲公司未必會特別安排孕婦友善嘅措施，導致懷孕嘅同事喺體力同精神上雙重疲憊。

放完產假返工，對媽媽嚟講可能係另一個挑戰，工作與育兒之間要尋求平衡。有時，部分上司或同事可能未能完全包容產後媽媽需要少少時間恢復原本嘅工作狀態，加上公司對員工嘅工作表現有較高嘅期望，令返工後嘅過渡期變得更加困難。而部分客戶或老細甚至會擔心懷孕或育兒期間嘅同事無法全心投入工作，可能會喺背後指指點點。呢啲期望令媽媽感到好似被批判咁，好似自己生仔變成咗一種錯。唔好淨係講媽媽，對於爸爸嚟講亦都係一種挑戰，爸爸除咗要照顧 BB 之外，更加要照顧媽媽嘅身心健康，同時佢哋亦都要平衡家庭同埋工作，所以都好唔容易！

要改善呢種情況，公司需要推動更高包容度嘅工作文化，提供適當嘅支援💪，讓懷孕或要育兒嘅同事能夠兼顧家庭同工作，同時亦要避免增加其他同事嘅工作量。除此之外，唔同持分者對組織家庭嘅觀念都好重要，當大家唔清楚公司內部安排，自然會有誤解以及感到擔心。為咗令同事之間氣氛更和諧，管理層亦都有責任清楚安排好每一個工作以及提供相應嘅措施。

最後，職場上嘅爸爸媽媽亦應讓其他同事感受到你對佢哋嘅感謝，因為不管係咩原因都好，有同事幫助自己都係一件好值得感恩嘅事情。另外，爸爸媽媽們甚至可以向同事分享你哋嘅喜悅☺️！

梨老師漫畫 #05

Only the brave teach!

#03

冇人會想請有紋身嘅人㗎！

唔知大家點睇有紋身嘅人呢？有啲人可能覺得，有紋身就好似古惑仔咁，又或者覺得部分嘅職業應該保持「專業形象」，有紋身可能會影響到上司及客戶對你嘅觀感，特別係對於較為傳統或者保守嘅行業嚟講，畀人知道你有紋身始終都唔係幾好。

但對於現今社會嚟講，普羅大眾對紋身文化嘅觀感開始有少少正面嘅改變，紋身已經唔再被標籤成古惑仔了。

對於任何公眾嚟講，保持一個積極、健康嘅專業形象係十分之重要。但係，紋身唔應該阻礙一個人發揮才能或者影響佢嘅表現，畢竟每個人都有選擇自己生活方式嘅自由。只要紋身嘅位置係唔影響工作形象，例如選擇易於遮蓋／比較低調嘅地方，以及紋身圖案本身無負面或攻擊性內容，咁就唔應該會構成太大問題。

當然，不同嘅公司都可能會有唔同規定，有啲公司有機會要求員工外觀保持傳統嘅形象，甚至唔可以有明顯紋身。呢啲規矩多數都係為咗顧及公司形象、客戶觀感或者品牌文化。如果你有紋身，亦可因應不同情況／公司規矩作出適當調整，唔一定要為咗份工同埋其他人嘅睇法而完全放棄自己嘅風格同埋自由。不過，都應該要尊重返公司以及自己嘅職業，嘗試睇吓自己嘅衣着可唔可以配合到，或者好好考慮一下未來嘅紋身圖案以及位置。

打工仔有紋身並唔係一個大問題，亦都唔代表有紋身就會好難獲得工作機會，最緊要係點樣展示同處理自己嘅紋身，謹記要睇返工作場合同公司文化再決定。始終，一個人嘅能力、態度同操守，唔應該因為有冇紋身就被定奪。公司請你返嚟，係因為你嘅能力，並唔係因為你有冇紋身。我哋作為打工仔當然要尊重公司規則同埋文化，但公司亦都唔好因為員工嘅外表而標籤佢，一定要用人唯才！

同時社會如果能夠尊重每個人嘅選擇及意願，大家互相體諒同包容，咁就最理想喇！

#04

準時收工係要入紙申請㗎！

睇緊呢本書嘅朋友，如果你每日都準時收工，請你畀啲掌聲自己！

唔能夠準時收工，亦都唔緊要，請你擁抱一下自己！

雖然合約／更表係會寫咗每日嘅收工時間，不過唔同人都會有唔同嘅收工時間，有啲人準時搭正就執嘢收工，有啲人鍾意留低做多一陣嘢先，有啲人就會早幾分鐘執定袋預備打卡走人；亦都有一啲人日日都要 OT，想準時收工都好似乞米咁。😅

我曾經做過一間學校有不明文規定係唔可以準時收工，因為準時收工就會畀校長關心你。所以，個個同事都會特登留多一兩個鐘先走。亦都有兩位同事放咗工係要趕住返學，所以佢哋係要寫封信並附上一封由院校出嘅證明文件去解釋點解每個星期都要有兩三日一定要準時收工。另外，如果今日學校要開會，全世界都要 OT 兩個鐘，但係咁啱你只能 OT 一個鐘，你係要填一份表去申請「早走」（其實即係申請 OT 少一個鐘）。

呢啲事例絕對只係冰山一角。我身邊唔少朋友分享佢哋份工都有類似文化：準時 shape 走＝偷懶、hea 做、冇團隊精神、斤斤計較。

其實真係好變態，亦都好有病。既然合約寫明返朝九晚六，點解六點收工就好似犯法咁？有時仲要解釋點解今日準時放工？留意返，好多行業嘅 OT 根本就冇補水、冇補鐘，咁點解打工仔超時工作反而變得咁合理化呢？好理解有時候公司有特別 events ／ projects 等，大家可能真係需要留耐少少幫一幫手；但係都唔能夠變成日常，更加唔應該默認咗打工仔每日都要免費 OT。除咗教育行業之外，香港好多行業都成日要 OT，亦都係冇補鐘冇補水，吃力不討好。呢種文化只會令員工燃燒自己、耗盡熱情，所以我哋都唔好成為幫兇，助長 OT 嘅歪風。

明白有陣時返工嘅嘢，好難話準時收工就準時收工，但係都要記得留返啲時間畀自己同埋自己愛嘅人呀！香港人，辛苦了💪🏽！

#05

老細遲咗出糧畀我，追佢又驚會畀人話我市儈。

Peter 間公司話出糧日係每個月尾，但間唔中都會拖到下個月月中先出糧，好老實大家都係要賺錢養家，又要交租又要找卡數，仲有啲水電煤呀家用呀都要畀😪。

雖然成條 team 啲同事都好期待出糧，成日都會問吓大家收到錢未，但係就冇一個人會追 HR 或者老細，就係因為唔想畀人覺得好似好市儈。

另一邊廂，Lisa 今個月有兩個星期六都返咗公司幫手，HR 話會補返錢畀佢，但係今個月出糧佢發現根本都冇加埋落條數度；佢掙扎緊到底追唔追 HR 好，佢驚好似好斤斤計較咁。

某啲行業，例如教育、社福機構、醫護等，成日都會被一啲「高尚框架」綁住，講到好似你返工一定係為咗理想同埋抱負，「為人師表／身為社工」唔應該咁緊張工資及福利。所以，每次請假、講人工、買完嘢 claim 錢都會覺得特別唔好意思。

呢啲事情都發生過喺我本人身上，當時我嗰間學校間唔中會遲咗兩三日先出糧，但係我會因為唔係幾好意思講錢所以唔敢追。當時有同事追校長，而佢得到嘅回應就係：「老師你唔係應該專心照顧咗小朋友先嘅咩？點解咁掛住啲錢？」😅

而家諗返起都覺得好荒謬，雖然工作理想同埋抱負係好緊要，但每個人都需要養家活口，準時收到人工係好應份，係我哋努力工作應得嘅回報，公司唔係送緊錢畀你。打工仔唔應該因為想攞返自己應得嘅嘢而感到內疚或者有壓力。

又或者大家可以咁樣諗，有時候公司可能因為財務流程錯漏或者行政上有 delay 而導致遲遲都未出糧，你提出追問，反而係幫緊公司處理問題，避免公司因為拖欠薪金而面對法律上嘅風險。而且，唔同人對同一件事有唔同睇法，只要做正確嘅事情，態度得宜，咁就無需要擔心畀人話你市儈或者斤斤計較。

我哋唔能夠控制人哋諗啲乜嘢，即使真係有人覺得你好市儈，但都唔好因為咁樣而唔追返自己應得嘅薪金。因為，講到底，返工都係搵食啫，你唔係做緊義工㗎！

#06

乜唔係份份工都有勞工福利㗎咩？

阿榮上星期發高燒，頂唔順請咗一日病假，但係呢一日佢仍然都要喺屋企覆公司啲 messages，仲有啲急趕嘅文件需要佢拿拿臨幫手「跟一跟」㖭！

佢到第二日都未退燒，諗住請多一日假，點知佢老細就同佢講：「你尋日咪休息咗囉？點解仲未好返呀？」雖然老細冇得迫佢返工，但係都畀咗好多心理壓力佢，例如係咁講公司好忙呀，今日唔夠人呀嗰啲嘢，仲要求阿榮喺放工時間之前打畀老細同佢 update 吓個病情😅。

阿榮心諗：「咁樣請病假，同冇請有咩分別……咁不如直接 work from home ？」

有薪病假、薪金保障、休息日、生育保障等其實都唔係好 apply 到喺所有打工仔身上，張合約上清清楚楚有列明享有勞工福利同埋公司福利，不過，現實中有啲行業及獨特嘅職場文化，就會對呢啲「應有權益」打咗個折扣😣。

首先喺有薪病假方面，好多公司都人手緊張，一個人唔返就成條 team 都亂晒龍，結果大家都互相畀壓力，得閒死都唔得閒病，病咗都唔敢請假。有啲同事寧願病咗都頂硬上，因為一病就等於有海量嘅手尾畀自己好返跟。有啲上司會特別關心請病假嘅同事，請咗假之後仲會搵你傾偈 review 工作情況。最慘係，唔係唔畀你請假，但即使真係請咗病假，你都係要繼續喺屋企協助部分工作；換句話嚟講，即係請假同埋冇請假，其實冇乜分別。

喺工資保障方面，雖然係有最低工資嘅保障，但我哋香港人成日要 OT，明明話就話朝九晚六，實際就日日做到九點幾十點，仲要未計週末喺屋企繼續執手尾呢。如果將每月嘅人工除返開工作時數咁計，其實分分鐘真係低過最低工資。

好啦，至於休息日，有啲公司會話有生日假、有補假，但因為工作安排、旺季撞期，最後都放唔到。有部分行業例如老師咁，唔能夠隨意攞假，好多學校都要求老師喺聖誕、農曆新年，或者暑假清年假，所以成日都要捱貴一兩倍嘅機票。有時候，有啲打工仔甚至連公眾假期可能要返公司幫手，連續返十幾日工不是夢。放工之後，仲要繼續覆公司 messages 或者電話🫠。惡劣天氣？有啲行業都照返，甚至要留守公司或現場 standby。

喺生育保障方面，公司當然要畀產假／侍產假，但「禁止指派粗重、危險或有害的工作」就好睇公司嘅文化同埋業務需要。有啲崗位好難避免搬運重物，即使身懷六甲都有機會要照上前線，以及應付突發狀況。如果公司冇額外人手支援懷孕嘅同事，意外隨時都會發生，事實上亦都有唔少打工仔因為工作而流產，的確好可惜😭。

另外，講到 claim 工傷，就更加虛無。現實中，唔少打工仔因工受傷係會 claim 工傷，同時亦都有部分人係唔會 claim 工傷，例如老師咁，老師好少會 claim 工傷，除非好嚴重嘅意外，例如 chok 親腰骨、跣親等，其餘嘅狀況我哋一般都係自己默默咁樣睇完醫生，請到假就休息吓咁就算。因為，做老師就係成日都整親，而 claim 工傷就會增加學校管理層嘅工作量，驚自己會「搞事」。所以為咗避免造成麻煩，寧願自己出錢睇醫生就算（大部分幼稚園都冇醫療福利）。

搵食艱難，唔止你同我，好多行業都面對唔同嘅困難，講呢啲唔係想呻有幾慘，而係想提醒大家：只要我哋係僱員，我哋係有權享有勞工福利，就有權利享有合理保障，唔需要因為請個假而感到不安或者悔疚。唔合理嘅工作風氣唔會無啦啦存在，如果大家繼續助長呢種風氣，病咗都唔敢請假，懷孕都唔敢問公司有冇適當嘅配套支援，久而久之，呢啲咁唔合理嘅嘢就會變成「行規」。最後，只會令呢種風氣合理化 🥹。

#07

生得高冇著數。

「喂！高佬，幫我攞上面啲嘢落嚟吖！」

Peter 心諗：「我阿媽生得我咁高唔係畀你用嚟當樓梯嘅！」不過冇辦法，始終都係舉手之勞，所以佢次次都會幫手。

佢嘅身高雖然令到佢嘅同事同埋佢自己嘅日常方便好多，不過同時亦都為佢添加咗少少不便，例如公司張枱對於佢嚟講就有啲矮，洗手間道門對於佢嚟講亦都太過矮。

喺日常生活裡面，生得高梗係有著數啦！如果有得揀，我都想生得高啲！但喺職場裡面，生得高有時反而會帶嚟少量嘅不便，甚至出現健康問題㗎😨!

辦公室、舖頭、倉庫、工作間等地方嘅設計好多時都冇考慮員工嘅身高需要。基本上所有配套嘅高度全部都係一式一樣，冇得揀。對於生得高啲嘅人，就會造成唔少不便，除咗導致工作效率下降同埋好容易導致腰痠背痛之餘，仲會累積身體嘅負擔。相反，身型比較嬌小嘅朋友亦都有困難嘅地方。

除咗環境因素之外，唔知點解生得高嘅朋友成日畀人指派做啲特別任務，畀人當成人肉樓梯，例如換燈膽、掛裝飾、拎啲好高嘅嘢等等。呢啲額外工作可能會耗費精力，甚至有潛在安全問題。雖然係舉手之勞，但係吓吓都叫啲比較高嘅同事幫手，除咗會影響佢哋對自己工作嘅專注力之外，仲會增加佢哋嘅負擔同埋壓力😢。特別係喺冇適當工具協助嘅情況下，容易導致意外或者肌肉勞損。仲有啲工作，例如要成日行嚟行去、長時間企足全日，或者爬樓梯、抬重物，高個子會更加容易出現靜脈曲張、膝頭勞損等問題，尤其係啲公司未必有提供合身設備，咁樣對身體嘅傷害只會越嚟越大。

其實呢啲問題唔止生得高嘅人先面對，所有打工仔都有機會遇到，只係對於生得高嘅人嚟講就相對容易中招。如果公司能夠改善員工嘅工作環境，甚至定期提供健康檢查及具充足承托力嘅鞋墊，就更加可以保護所有員工嘅健康啦！

如果公司未有提供，都建議大家自備護腰墊、矯姿咕𠱸、承托力好啲嘅鞋墊，同時留意自己喺工作時嘅姿勢，定期拉吓筋、鬆一鬆筋骨，從而減輕工作中嘅負擔，保障自己嘅身體健康💪🏽。

最緊要嘅，其實係大家互相體諒同尊重：請同事幫手之前，諗一諗有冇工具可以代替；如果有同事願意協助你，都一定要讓對方感受到你係感激佢嘅，唔好以為人哋係老奉幫自己。另外，大家亦要避免完成超出自己能力範圍嘅任務，身體健康最重要呀！一齊建立一個包容多元、互相尊重嘅工作環境💚。

梨老師漫畫 #06

變成大家的好同事，一齊努力，互相支持！

chapter 7 打工仔篇

職場真實生活

#01

打工仔最鍾意農曆新年，因為可以瘋狂收利是！

Lisa 間公司嚟咗個來自美國嘅新同事阿 Mike，撞正農曆新年大家都喺度同老細逗利是，阿 Mike 非常之欣賞呢一個新年活動，佢甚至興奮到同啲客逗利是㖭！Lisa 見到就即刻提醒阿 Mike，表示佢哋係唔可以同啲客逗利是㗎，因為咁樣係違反咗《防止賄賂條例》。阿 Mike 就好唔明，到底點解可以同老細逗利是，但係同啲客逗利是又係犯法呢？

其實唔係所有行業都可以周圍逗收利是㗎，例如老師、社工、公職人員等就真係唔可以隨便收人哋嘅心意喇！

相信好多打工仔都想試吓好似樓下保安咁，一到新年就瘋狂逗利是，但其實有啲行業及工種，係真係唔可以逗利是㗎。根據本地規定，公職人員收取禮品或金錢都會引發潛在嘅利益衝突問題，甚至可能會觸及貪污風險，有機會觸犯法例，例如《防止賄賂條例》。而機構亦應設立相應嘅規範，目的係保障員工嘅專業操守同工作環境嘅公正。

根據《防止賄賂條例》，公職人員或者係老師都唔可以接受可能影響其公正行為嘅禮物或金錢。即使對方純粹出於感謝送上嘅小小心意，好多時都會被視為利益輸送。一旦收取咗過多或者價值過高嘅禮品，唔單止會影響專業判斷，仲可能會破壞同事之間或者對外合作嘅信任。

唔止公職人員，喺唔少公司或者公營部門，都會有收禮限制。萬一真係收咗對方送嚟嘅禮物或利是，都要慎重處理。有啲公司會列明唔可以收取超過某個金額以上嘅禮品，有啲甚至要你婉拒收取任何形式嘅禮品，或者交畀上司／部門處理。目的都係為咗保護你同合作夥伴／客戶之間嘅專業關係，亦保障你唔會無意中踩界，同時避免因為收受禮品而影響公正與專業判斷。所以，大家一定要好清楚了解你嘅行業同埋公司對呢方面嘅政策，並且了解如果收取不當禮品可能會帶來嘅後果。

即使係喺非正式社交場合（例如客戶聚會、私底下等等）收到禮物，大家都記得要小心處理。送贈禮物通常都係表示感謝，其實唔需要太複雜，一句感謝嘅說話已經好足夠。所以，如果你係想送禮嗰個，亦都唔想令對方難做，即管了解清楚對方行業嘅規矩，又或者簡簡單單、講句感謝。

打工仔世界雖然唔似老師咁有特別高嘅要求或者期望，但大家都應該了解返自己行業嘅守則，特別係涉及錢銀嘅事就要更加小心，確保唔好因為一時之間嘅決定而影響自己嘅前程。

#02

Intern＝免費／廉價勞工

「點解連茶水阿姐都有糧出，我就一蚊都冇？」相信唔少 intern ／實習生都曾經有過呢個疑問。唔同行業嘅實習生都會有唔同嘅薪金，有啲可能係會有 part-time 嘅人工，有啲可能會有少少津貼，有啲可能係一蚊都冇，就例如我自己嗰行咁，實習老師係唔會有人工㗎💸！

作為實習生，每日都要做牛做馬，但係又冇糧出／得雞碎咁多，感覺就好似做緊免費勞工。喺實習生嘅角度會覺得，我過嚟雖然係學嘢，但其實我都出咗唔少力，點解我就冇糧出，仲要周圍畀人點嚟點去？

不過，換個角度由公司出發，好誠實咁講，實習生有時確實係幫到手，但由於唔係正式聘用嘅人手，所以喺實際工作上未必真係咁關鍵。而且，帶實習生對公司嚟講都係一種額外負擔，無論係人手、時間、資源定係安排上都唔係咁簡單。唔係每一間公司都肯接收實習生，正正因為間公司要額外提供照顧同支援畀班實習生🥺。

試諗吓：如果一個團隊每日嘅工作都好緊湊，突然要安排時間畀 intern 試吓做呢樣嗰樣，部門主管可能仲要幫手改 intern 寫嘅報告、逐步指導同埋提醒，呢啲全部都係額外負擔。同事做緊自己嗰份之餘，仲要分心照顧埋實習生，對整體運作唔多唔少都有啲影響。

你可能會話：「我都成日幫你做咁多嘢，其實我咪幫你分擔咗好多囉，你仲嫌我麻煩？」咁就要宏觀地睇呢一件事，公司安排實習生處理嘅多數係一啲入門級、性質比較基本嘅任務，而呢啲工作，其實原本就有人手做緊。所以，喺公司層面，實習生並唔係「必要」人手，反而係有啲 extra。

咁唔通咁大間公司／機構連少少錢都畀唔出？ 當出少少錢請多個人都唔得咩😤？

咁呢件事就唔係表面睇嘅咁簡單，每一間公司每一年都有唔同嘅預算，唔係間間公司都有咁多 budget 可以請人，又或者佢哋係要因應每年嘅收益同埋開支再衡量一下增聘人手嘅事項。由於大部分嘅公司／機構資源有限，所以喺請人嘅時候其實都係要計過度過，既然連請個合約員工都要諗得咁清楚，如果佢哋一定要用錢去請實習生，咁相信大家未必有機會可以出到實習。另外，當涉及出糧，就即係代表你係佢哋嘅正式僱員，咁就會涉及法律、保險、合約等問題；相反，畀實習老師嚟學習及交流，就簡單直接得多。即使係好少錢，好多時公司寧願將 budget 用嚟請一個有經驗、有實戰能力嘅人，例如請多一位助理或文員，而唔係用嚟畀錢培訓實習生。

雖然，實習階段未必有錢收，但亦唔使因為咁樣而感到氣餒。換個角度咁諗，好彩你唔係正式錄用嘅員工，你係以一個學生嘅身份去人哋度學嘢，你有空間問多啲、學多啲，比真係踏入職場少好多壓力，更加可以主動請教每一個同事。當你正式入行，好多時候都要靠自己，未必可以再好似實習嗰陣有人會教你呢樣教你嗰樣🥺。

作為一個 intern，要明白自己擁有嘅學習機會係非常難得。趁住呢段時間問多啲，學多啲，儘量善用每一個資源，學識點樣喺職場生存。而且，記得：你公司嘅 mentor 願意用時間教你，其實佢都係冇出多咗糧，純粹出於一份責任同心意。所以，將來你自己都有機會帶 intern，謹記要將呢一份溫暖承傳落去呀！珍惜呢段實習嘅時間，用心學習，吸收經驗，為未來嘅職業做好準備💪🏽！

#03

香港地，冇讀過大學就注定冇運行！

近年市道唔係幾好，好多人都搵唔到工，甚至乎畀人炒😢。

有好多大學生畢咗業都搵唔到工，仲要諗吓個現況係周街都係大學生，好多公司對學歷嘅要求越嚟越高，導致唔少高級文憑（High Dip）畢業嘅同學仔開始擔心自己會唔會「輸在起跑線」，亦都令到有啲冇學士學位但係有工作經驗嘅人士開始擔心。

Peter 就係因為冇學士學位，所以成日都會抱住一個好感恩嘅心態留喺同一間公司做嘢，就算想挑戰其他職位，亦都會因為自己「學歷低」而唔敢踏出第一步；甚至公司有越嚟越多無理嘅要求，佢都唔敢出聲。

到底喺香港地，冇讀過大學係咪就注定冇運行呢？

雖然而家好多僱主都傾向請起碼有學士學位嘅人，但唔代表你未有學士學歷就一定係等於冇出路。退一步諗，喺職場上，最重要嘅，未必係你嘅學歷，反而係你有冇相應嘅技能及經驗，以及你待人接物嘅態度。

當然，又有專業技能又有學士學位，甚至有碩士博士學位咁就梗係最好啦，不過並唔係每一份工作都有好高嘅學歷要求，例如有一啲專業文憑，係可以協助你拎到相關嘅註冊牌照，咁你就合乎資歷可以申請相應嘅職位。當中例如幼兒教育，如果你完成咗相關 High Dip 課程，就可以申請成為註冊老師，並申請教學職位；又例如社福、工程、設計等等，不同範疇都會有唔同嘅專業資格。又或者，如果你純粹諗緊到底入唔入你心裡面諗緊嘅呢一行，但又唔知道應該揀邊個課程嘅話，你可以首先留意吓你睇緊嘅呢一個課程喺畢咗業之後，會得到啲乜嘢資歷上嘅認可同埋證書／學位，然後再根據自己嘅興趣及特別要求去揀選適合自己嘅課程修讀。

咁你可能會問：「個個人都有 High Dip 㗎啦，我冇讀過大學會唔會永遠都只能做最基層？」咁又未必。

試諗吓，如果有兩個人嚟面試（假設份工冇乜特別專業及技術要求咁先算）：

1. 有自信、有熱誠、態度好嘅 High Dip 畢業生；
2. 態度麻麻、毫無眼神接觸嘅學士學位畢業生。

如果你係老細，你會請邊個🤔？

喺職場上，僱主唔會淨係睇你張沙紙咁簡單，仲會睇你做嘢嘅方式、表達能力、自信、解難能力、團隊精神等等。當然啦，如果你之後有機會繼續進修，拎埋學士甚至碩士學位，自然係錦上添花。但唔好以為冇學士學位就一定冇前途，大把人都係由高級文憑開始，一邊做嘢一邊讀書，只要搵到適合自己嘅方向，繼續努力，就一定大把機會！

搵工方面，記得要先準備好履歷、求職信同埋相關嘅portfolio；面試時表現出你嘅專業、積極態度同信心，了解清楚人哋公司嘅背景及發展方向，練習一下自己嘅對答技巧。搵工唔一定會一擊即中，甚至可能見咗幾份都冇回音，但唔使擔心，因為好嘢就係值得等待。將每一次面試都當係一個學習機會，慢慢磨練自己嘅應對能力，保持積極心態就會有正面嘅回報！

學海無涯，人生就係不斷學習及成長，只要你肯學、肯做，無論你喺邊度起步，都一樣可以跑出一條屬於你自己嘅未來。唔嘗試過就永遠都唔會知道自己得唔得，唔付出亦都冇可能有收穫。有時人生跑道唔止一條，唔係個個人都要行一模一樣嘅路，好好地走自己條路都可以跑得好遠！一齊加油🙌!

#04

做死一間公司咪使旨意升到職！

阿榮喺呢間公司做咗差唔多十年，日日 OT、乜都肯做，心諗住只要默默耕耘，就一定會有出頭天！點知，公司就空降咗一個好後生嘅人做咗佢上司……

阿榮好唔甘心，覺得：呢個後生仔憑乜嘢騎住自己？佢夠我咁熟啲架步咩？佢一入嚟有幾多年資呀？我咁努力仆心仆命都唔升我😠？

好多傳統諗法都係覺得只要你喺同一間公司默默耕耘，就一定會有升職加薪嘅機會。默默耕耘固然係值得尊重，但如果單靠長年累月留守喺同一間公司，到底有幾多晉升空間呢？每一個職位都有人數限制，越高層就越少位。例如，你想升做經理，你都要等到原本個經理離職，或者公司突然擴張先至會有多一個空缺出現。咁就算真係有呢個空缺出現，又係咪代表一定會畀做得最耐嗰個人升呢？

當然唔係咁絕對，有啲人真係喺同一間公司由基層做到上管理層，我認識一間學校嘅校長，佢就係由文員然後做助教，再做老師，再升做主任，然後而家做緊校長，佢仲要喺幾年之內升埋做一級校長。雖然呢啲例子唔係成日都有，但好多人真係可以靠住自己嘅努力，不斷學習，並積極把握每個機會，最後跳咗幾級嗉💚！

以我自己為例，我都好鍾意轉工，因為我一直相信自己係要幫自己爭取升職同加人工嘅機會；與其等待機會降臨喺你身上，世界咁大，不如自己去尋覓！

當然唔係話一轉公司就一定包升職，就算轉公司但係都係做返你原本嗰個職位，其實都已經有好多得著。假設職員 A 喺一間公司做咗十年，職員 B 喺兩間公司分別做咗五年，雖然年資一樣，但職員 B 接觸多咗唔同嘅文化、流程、系統，而且同唔同人合作過，視野可能會比較廣闊，適應力都可能強啲。

講到加人工，大家都知唔係間間公司都有一個具透明度而公開嘅制度。好多都係「海鮮價」，完全冇任何標準可以參考。喺咁樣嘅情況之下，留喺同一間公司繼續默默耕耘，每年只係會好穩定地加你少少人工，最後只會換嚟失望。但係，如果你為自己爭取其他新嘅工作機會，咁樣係會有更加大嘅機會跳薪，甚至有得挑戰新職位！

好多人都話「機會係留畀有準備嘅人」，我非常同意，但我更加相信「機會係畀厚面皮又夠膽試嘅人」🤭。如果你喜歡穩定，長期喺一間公司工作絕對冇問題，亦都可能好適合你。到底要留喺同一間公司幾多年並冇絕對嘅答案，最緊要係清楚知道自己嘅目標同埋發展方向。

如果你想有突破、有進步，就請你勇敢踏出第一步；唔好怕改變、唔好怕面對挫折，更加唔好懷疑自己。每一次嘅經歷都係成就未來更成功嘅自己，路係要自己行出嚟，只要你踏出第一步，你會發現自己越行越高，越走越遠。當你回頭望，你會感激當日勇敢踏出第一步冒險嘅自己。

梨老師漫畫 #07

老師辛苦了，記得要好好擁抱自己！

#05

原來有啲職業除咗睇實力，仲要睇你係男定女？

Lisa 返緊嘅呢一份工，成條 team 都係男人，佢記得當時見工嗰陣，佢老細不斷問佢一啲關於點樣同男同事相處嘅問題，更加表示擔心佢一個女仔人家未必同成班大男人合作到。Lisa 唔係好理解到底同同事合唔合作到同性別有咩關係。

佢喺呢一個部門做咗好幾年，所有同事對佢嘅態度都會特別唔同，甚至乎佢被分派嘅工作亦都係相對比較簡單，令佢覺得唔係幾發揮到自己嘅長處。

佢心諗：「咩年代呀大佬，乜仲咁性別定型嘅咩？🤔」

隨著時代嘅變遷，男女嘅角色越嚟越平等，每個人都可以根據自己嘅能力及興趣去嘗試自己想做嘅工作。

不過，社會對性別刻板嘅印象早就喺我哋細細個嘅時候已經開始形成。如果大家諗返細個讀幼稚園學職業嗰陣，書本上面啲圖畫咪成日都好興「醫生」就多數係男人，「護士」就係女人；「消防員」、「警察」、「郵差」通常都係男人，「保姆」、「老師」多數都係女人。呢啲潛移默化嘅印象，慢慢喺我哋嘅腦海裡面變成對職場上性別角色嘅預設。

而現實中都真係咁，大家總會唔覺意覺得男性應該會喺數理邏輯上面強啲，所以比較適合做 IT、工程嗰啲工作，而大家總係覺得女性會比較細心同埋講嘢叻啲，所以比較適合做需要照顧人，或者對客嘅工作。甚至有啲老細會對唔同性別有唔同期望，例如男同事就要主動啲、勞動能力高啲，女同事就要細心啲、有親和力啲。

喺某啲行業，性別定型就變得更加明顯，例如幼稚園咁。由於小朋友年紀細，好多時候都會牽涉到比較貼身嘅照顧，家長都會比較偏向信任女老師，有啲甚至直頭表明唔太放心將自己嘅小朋友交畀男老師，就算家長咁樣諗都係人之常情。正正因為咁，好多學校會特登安排男老師同女老師一齊教同一班，並設置更多配套措施，例如安裝 CCTV、加強培訓、規管日常照顧流程，避免任何因為性別而產生嘅誤會，保障返師生嘅安全同埋利益。

雖然個實況係咁樣，但係都唔代表男性唔可以做幼稚園老師，事實上好多幼稚園都有聘請男老師。除咗幼稚園之外，有啲特定情況下，有部分嘅工作都的確真係需要指定性別嘅人員處理，例如醫護人員需要貼身照顧女性病人時，安排女護士的確真係比較方便。但唔代表男性就唔可以做護士，只係喺工作分配上會有所調動。

所以，雖然好多人對唔同嘅工種都有性別定型，甚至乎你嘅同事可能會因為你嘅性別質疑你嘅能力，但係大家唔好因為咁樣就懷疑自己。因為你由被聘請嗰一刻就已經證明咗你係有足夠嘅能力可以應付你嘅工作。

更何況，而家幼稚園都唔會教小朋友：警察就一定係叔叔，清潔工人就一定係姨姨，呢種性別定型嘅諗法已經過時。你嘅工作能力、專業態度，同埋獨一無二嘅你先係呢間公司請你嘅原因。加油💚！

#06

返工要換制服竟然係好事？

Peter 早排買咗對好貴嘅白色波鞋畀佢位幼稚園老師女朋友，女朋友好開心，仲急不及待着住返工㖭！點知第一日就畀小朋友啲嘔吐物整污糟咗，當然女朋友緊係好唔開心啦，而 Peter 都好識做，今次送咗兩對波鞋畀女朋友，一對係專係着嚟返工，一對係着嚟扮靚靚出街！

始終女朋友返工嘅嗰間學校並冇提供任何制服鞋畀老師，無謂着住對私伙鞋返工，最後搞到污糟晒咁肉赤啦！

對於好多人嚟講，每日要早啲返到公司換制服，放工又要打完卡先可以換返衫，前前後後蝕咗十分鐘，仲要每日拎多套衫，趕時間唔記得咗帶套制服返工又係大鑊，咁樣真係好麻煩😮‍💨。

不過，着制服返工，反而可能係件好事，甚至係更方便㗎㖭🤫！

首先，唔知大家有冇曾經試過因為返工整污糟咗自己件衫／新買嘅波鞋，最後超心痛！唔少工作環境，例如做物流、餐飲、零售、醫療，甚至係某啲辦公室入面嘅工作，都可能會整污糟自己件衫。如果你着住自己套私伙靚衫返工，一整污糟就真係好肉赤；但如果有制服着，就唔使顧住件衫，做嘢都放心自在啲！

而且，有啲公司對員工嘅衣着有一定嘅要求，例如裙／褲長短、領口高低、顏色配搭、整體形象夠唔夠專業端莊等等。如果大家每日出門口之前都要襯嚟襯去，不但費時，仲有機會唔小心着咗一套唔符合公司要求嘅衣着返工。有制服提供就簡單好多，直接帶返公司換，每日朝早唔使嘥時間諗着啲咩，慳返唔少腦汁同埋時間。

好多制服嘅設計都好實用，一般都會適合返個別嘅工種，例如較多機會勞動嘅工作，佢哋嘅制服一般都係以運動物料為主、鬆身易活動、防污防水、唔易走光。有啲公司甚至會提供幾款制服畀同事根據唔同場合選擇，方便員工處理唔同嘅任務。

制服亦都方便客人識別你嘅身份，例如喺餐廳裡面，工作人員冇着制服嘅話，食客好難分辨到邊一個係員工邊一個係純粹路過嘅客人，可以減少出現混亂嘅情況。另外，穿着制服可以提高品牌嘅形象，以及你個人嘅專業形象；例如你未必會理冇着制服嘅保安人員嘅指示，因為你都唔能夠就咁確認佢哋嘅身份，但係如果着咗制服嘅保安人員話畀你聽前面條路封咗，你會聽佢講；所以，有制服係可以幫助你嘅工作更加順暢。

最後一提，如果大家嘅工作比較容易整污糟套衫，你公司亦冇提供制服，你自己都可以準備兩三套返工專用衫，或者擺定一兩件士啤衫、替換鞋喺公司，以備不時之需。尤其喺鞋方面，強烈建議大家着對舒服、防水、襟污糟嘅鞋，再加鞋墊減輕雙腿嘅壓力，返工會舒服好多💚。

雖然，返工要換制服真係有啲麻煩，但係凡事都有兩面，喺某啲情況之下，返工要換制服其實都可以係好事嚟㗎！

#07

公司係我第二個屋企。

香港人日日都 OT 到夜一夜，然後第二日又晨早流流返工，有冇諗過不如直接留喺公司過夜😆？

大家可能留喺公司嘅時間仲長過留喺屋企，久而久之就會帶咗好多嘢返公司，直接將公司變成自己第二個屋企。

「公司係我第二個屋企」當然唔係指「公司是我家！我最鍾意返工！」，而係指有陣時公司喺儲物方面真係有少少似我哋第二個屋企／迷你倉🤣。

相信如果你哋間公司有提供 locker、櫃桶等私人儲物空間，大家都總會放啲嘢喺公司，一開始你可能只係帶一兩樣私人物品方便工作，例如士啤衫、乾糧、文具之類。慢慢你會越擺越多嘢用嚟「以備不時之需」，例如係衫褲鞋襪、雨遮、化妝品、護膚品、糧食、個人衛生用品等等。當你留喺呢一間公司越耐，你就會越積越多嘢。甚至乎有啲人會將自己屋企多餘物資都搬埋返嚟公司用，啲嘢多到最後要自己買多個櫃仔㖭🤣！

其實，咁樣都係一件好事嚟，一嚟將工作環境變成自己喜歡嘅樣子，會令自己工作得開心啲同埋方便啲，二嚟亦會令自己對公司更加有歸屬感。不過，帶得太多嘢返公司都有麻煩位，例如你升職要調位，或者轉部門、轉公司，就會面對一個難題：點樣處理呢一堆私伙嘢呢？有人乾脆唔帶走，全部送晒畀同事；亦都有人要 call 車先清得晒自己啲私伙嘢。

所以，大家擺多少少嘢喺公司的確係方便好多，不過都要留意一下個數量，如果唔係到時辭職或者調位嘅話就大把嘢要搬，甚至乎會影響到其他同事嘅空間，記得要適可而止呀🤣！

chapter 8

幼稚園篇

#01

所有學校都淨係鍾意請經驗豐富嘅老師！

好多啱啱畢業嘅新老師成日都會覺得所有學校都淨係鍾意請經驗豐富嘅老師，而經驗豐富嘅老師喺轉工嘅時候就會擔心會唔會畀對方嫌棄自己太多經驗。🙋咁我哋就一齊探討一下，到底一般嚟講新老師同埋經驗豐富嘅老師大致有咩「優點」同埋「缺點」：

新老師

「優點」：

1. 有熱誠同創意
   - 通常充滿熱情，願意試新嘢，教學方法靈活創新，樂意接受挑戰。
2. 同學生距離感少
   - 年齡或者諗法比較接近，容易理解學生嘅需要，建立良好嘅師生關係。
3. 學習能力高，接受新科技
   - 好快吸收到新嘅知識同教學技巧，適應環境能力強；好接受到教育科技同數碼工具，能掌握新嘅資源從而改善教學成效。

4. 彈性大、可塑性高
 - 可以因應學校需要調整教學方式，亦都比較願意配合校長主任嘅要求。

5. 人工平
 - 對學校或者機構嚟講，請新老師嘅成本會低啲。

6. 有精力
 - 體力充沛，可以應付繁忙嘅教學同學校活動，上課期間同小朋友跑跑跳跳亦都冇咁易攰。

「缺點」：

1. 缺乏經驗
 - 面對突發情況或者教學困難時，未必有足夠解決方案。

2. 欠缺自信
 - 由於經驗不足，導致缺乏自信心，影響工作表現，甚至令家長失去信心。

3. 課堂管理能力弱
 - 面對學生挑戰或者大班管理時，或需要多啲練習同指導。

4. 壓力處理能力有限
- 喺工作量大或者遇到挫折時，可能比較容易感到疲累或者困惑。

經驗豐富嘅老師
「優點」：

1. 專業知識實在
- 經過長期累積，學科內容同教學技巧好深厚，提供高質素教學。

2. 課堂掌控力強
- 熟練嘅班級管理技巧，可以即時應對課堂內外突發嘅事情。

3. 因材施教能力強
- 深入理解學生嘅需要，為唔同學生提供合適嘅教學策略。

4. 穩定同持續性
- 喺壓力下可以保持冷靜，為學生提供穩定嘅學習環境。

5. 經驗豐富
- 累積咗好多教學案例同應對策略，處理問題得心應手。

6. 有自信
   - 多年實踐令佢哋面對教學挑戰時更有信心，顯得專業同可靠。

「缺點」：

1. 創新意欲可能低
   - 習慣咗自己一套嘅教學方式，可能對新嘢接受程度較低。
2. 活動能力較低
   - 可能因為年紀或者健康原因，較少參與體力要求高嘅活動。
3. 人工太高
   - 資深老師嘅薪酬對學校或者機構係一個較大嘅負擔。
4. 適應能力弱
   - 有豐富嘅教育背景及人生經歷，面對教育環境快速變化，可能需要多啲時間去調整。

以上所謂嘅優點同埋缺點只係普遍嚟講大家對新舊老師嘅刻板印象，並不能作準🙅🏽‍♂️。喺校方角度睇，學校想請較資深嘅老師可能因為整個團隊都好新，需要具豐富經驗嘅老師一齊支援新團隊；亦可能學校需要一個比較穩定嘅

團隊等。而學校想請新老師嘅原因可能係佢哋需要加入新血、配合學校改革等。每間學校都會因應自己嘅需要而聘請唔同特色嘅老師，所以並唔會話一定係多啲經驗嘅老師就會多啲人請。

當然，亦都有一啲學校根本冇特別話要請幾多年年資嘅老師，最重要就係老師本人。每個老師都有自己嘅特色，我都有遇過一啲年資深嘅老師活動能力極高，體能好過好多年輕人；我亦都遇過有啲啱啱畢業嘅老師好有自信心，課堂管理嘅能力都非常之高。所以，最重要係要識得突顯自己嘅長處，唔好因為自己嘅經驗同埋年紀而懷疑自己、限制自己。與其擔心自己經驗不足冇人請，或者擔心自己人工太高搵唔到工，不如踏出第一步去搵工；當你踏出咗第一步，你就會發現原來一切都冇想像中咁大挑戰。

梨老師漫畫 #08

老師們放假時要好好休息，
放完假又要日日OT了！

#02

做到心灰意冷，到底可以轉咩工？

我哋唔做幼稚園老師嘅話可以做啲咩呀🤔？如果你想喺幼稚園入面發展的話，首先淨係老師都有唔同嘅職位，例如班主任、非華語老師、專科老師（例如體能、音樂等）、行政老師等。再上一級有例如助理主任、副主任，同埋主任，主任基本分為課程同埋行政兩款，有啲學校會細分為中文主任同埋英文主任。再晉升就會係副校長同埋校長，而校長亦都有分為二級校長同埋一級校長，甚至係總校長；同主任一樣，有啲學校亦都係有分中文及英文校長。所以，大家都可以根據自己嘅意向同埋發展目標嚟決定挑戰幼稚園裡面邊一個職位。

假設你喜歡做幼稚園前線，但係比較傾向服務有個別需要嘅小朋友，你可以考慮 I 位（幼稚園暨幼兒中心兼收計劃），即是兼收組老師，又名 IP 老師。或者你想離開幼稚園嘗試其他工作環境，你可以考慮 S 位（特殊幼兒中心）、O 位（治療師到校為有個別需要嘅兒童提供訓練），同埋 E 位（由家長帶小朋友到中心接受治療師提供嘅訓練）。

🏫大專院校亦係一個選擇，特別係有開設幼兒教育學科嘅院校，幼稚園老師嘅工作及教育背景係優勢之　。

而且，大專院校裡面都會有不同嘅空缺，當中包括學術職位、教學職位、研究支援、學生支援等嘅職位。大家可以根據自己個別嘅背景及長處而應徵一個適合自己嘅崗位。

另外仲有 playgroup、出版社、社福機構、家庭教師等，淨係直接同幼兒教育有關係嘅工作已經多不勝數。大家唔需要畀「教育工作者」呢個角色限制，雖然大家可能有好豐富嘅教育經驗，而且大家嘅學歷都可能同幼兒教育相關，但係唔代表大家只能繼續做相關工作。每個人隨時都可以學習新技能，喺其他行業大展拳腳，反正做幼稚園老師都要經常進修。咁但係講到轉乜嘢工種，就要睇你自己嘅興趣同埋個人強項，當然你亦都要資料搜集平衡一下各個工種嘅前景同埋收入，咁呢個就要靠大家自己選擇了。

希望大家唔好因為一時嘅心灰意冷就放棄現在嘅工作，做邊一份工作都會有疲倦嘅時候，新嘅工作亦都會有心灰意冷嘅時刻；試吓諗吓自己嘅初衷，提醒吓自己點解當時咁想入呢一行。當真係想轉換工作嘅時候，謹記單單幼兒教育已經有好多唔同嘅工作機會，而且世界好大，有好多唔同嘅工作類別／行業都等緊我哋去發掘同埋挑戰。唔好畀自己嘅經歷同埋過去限制咗自己嘅未來，有時候適當嘅放膽嘗試係會帶來驚喜。

#03

做老師就係要貼錢打工！

點解老師咁鬼窮？除咗人工海鮮價之外，做老師真係要成日貼錢打工！

貼錢打工嘅老師基本上分為三種：「太愛小朋友」、「學校太窮」，同埋「太忙碌」。

1 第一種：「太愛小朋友」💝

相信咁多位老師一定試過自己買貼紙獎勵小朋友，或者買印仔改簿。亦相信絕大部分嘅老師都會試過買禮物送畀小朋友，當中包括聖誕禮物、畢業禮物、獎勵禮物等。喺呢啲情況之下，老師使錢使得好開心，為咗我哋愛錫嘅學生使少少錢絕對係十分之值得。而且，買禮物畀小朋友會慢慢變成老師其中一個出街活動／拍拖活動，老師嘅另一半亦都會開始幫手選購適合嘅禮物同埋靚靚貼紙。犀利啲嘅另一半，甚至會記得邊個小朋友鍾意邊個卡通人物！🧸

2 第二種：「學校太窮」💸

教學已經慢慢成為老師人生好重要嘅一部分，好多老師一見到啲啱用嘅教材就會好想買畀小朋友。不過，並唔係間間學校都有充足嘅資源可以讓老師買返去 claim 錢。呢個情況係可以理解，因為每一間學校都有固定嘅資源，難以因為老師想買啲乜嘢教材都可以一一滿足。所以，有部分老師間唔中都自己出錢買教材畀小朋友。另外，請老師們留意，喺買坊間嘅教材畀小朋友之前，可以同校長主任商量一下，以避免不必要嘅誤會。因為如果你嘅學校已經有指定嘅教材，你另外再帶一啲新嘅教材入嚟，未必一定符合校本嘅課程；而且學校需要確保課程嘅統一性，所以讓校方知道你嘅計劃亦係十分重要。

不過，有啲學校嘅資源嚴重不足，甚至乎連基本嘅物資（例如影印機、圖工物料、文具、電腦等）都提供唔到畀老師，以致老師成日都要出錢自己處理。喺呢個情況，老師切記要讓校方得知你嘅困難，唔能夠無止境咁自己提供資源畀學校。假設個情況係，你而家做緊嘅呢一間學校完全唔提供任何圖工物料，連簡單嘅顏色筆同埋顏色紙都冇；但係你又好合作，不斷買圖工物料畀小朋友創作。咁樣，校方係唔會知道原來你哋係有困難，又或者即使校方知道你哋有困難但係你哋又會自行解決問題，咁即係冇嘢需要佢哋處理啦！學校管理層有責任管理學校嘅資源，喺物資方面就應該留返畀校方處理。

3 第三種：「太忙碌」

做老師真係好鬼忙，又要環境佈置，又要製作教具，甚至要整埋小朋友啲表演衫，仲有海量嘅文件同埋教學工作呢！真係忙到好頭痕。大家成日都話「時間就是金錢」，同埋「用錢解決到嘅問題就唔係問題」；所以，有啲老師會寧願直接買返嚟，慳返好多時間，但係亦都會用多咗好多錢。當然啦，喺呢個情況之下，你亦都要考慮一下你買完返嚟最後會唔會又畀校長主任否決。因為唔知點解，好多學校都好鍾意老師做手作嘢，覺得一定要老師親手整先係最靚。謹記要問清楚或者睇清楚，避免嘥錢之餘又要將所有嘢都重新做過呀！

#04

點解校長唔畀我上堂嘅時候睇手機？

除咗香港嘅幼稚園之外，好多國家例如英國嘅幼稚園都唔會畀老師帶電話入課室，通常都係要老師將電話擺喺校務處，或者放喺 locker🔐。即使可以帶入課室，都會要求老師將電話放喺手袋拉埋拉鍊擺喺櫃桶，唔可以喺工作時間使用。

到底點解唔可以喺工作時候用電話呢？甚至唔可以用智能手錶⌚？可以簡單分為兩個原因：「安全」同埋「專業」。

喺安全層面上，老師需要睇實小朋友確保佢哋嘅安全，所以如果老師喺工作嘅時候使用電話，有機會令老師分心，出現睇漏眼嘅情況。倘若課室出現意外，老師係盡力照顧緊每個小朋友嘅話，都可以理解有陣時意外真係好難避免；但係如果老師咁啱喺事發嘅時候使用電話，實在難辭其咎。另外，電話有好多唔同嘅功能，例如錄音錄影等📸，為咗保障每個學童嘅私隱，正常學校都會為每個老師／每班提供一部電腦及相機，方便老師幫學生影相記錄每日學習進程，亦唔需要因為擔心老師用私人嘅器材而將學童嘅私隱唔小心外傳。

喺專業層面上，老師喺工作嘅時候用電話除咗可能睇漏眼導致課室出現意外，亦都會錯過一啲觀察小朋友嘅時光；如果老師能夠細心觀察每一位小朋友嘅課堂表現，除咗可以記錄佢哋嘅學習進程，亦都有助同家長分享小朋友每日嘅課堂表現㖭！另外，小朋友好鍾意將學校嘅所見所聞都拎返屋企講，如果小朋友返去同媽咪講：「老師今日上堂打機啊！」即使你冇打機，只係睇一睇部電話，但都可能會因為小朋友嘅表達方式而損害你嘅專業形象，亦都有機會引起誤會🥲。

明白老師都係人，可能因為屋企嘅突發情況而需要隨時候命接電話，但係謹記要同校方溝通，讓學校知道你嘅需要，避免產生誤會，係一個保障自己嘅方法。

#05

就算全校個個小朋友都病晒，老師都唔准戴口罩！

「老師係唔可以用保護自己嘅原因而戴口罩，因為你咁樣係冇愛心，太顧念自己嘅利益。」

曾經我喺做實習老師嘅時候畀一個前輩咁樣提點過，喺真正做老師嘅時候，亦都聽過有校長咁樣提醒老師。其實我真係諗唔明，亦都睇唔透☹。老師要照顧好自己先可以照顧到小朋友，點解咁樣會係「太顧念自己嘅利益」呢？

當然，做老師嘅頭一兩年的確比較容易病，慢慢做得耐，抵抗力會越嚟越強，慢慢會變得百毒不侵。我請教過講呢番說話嘅前輩同埋校長，佢哋表示提醒老師唔可以戴口罩嘅原因離不開都係「戴咗口罩小朋友咪睇唔到你個樣」、「你戴咗口罩小朋友睇唔到你個嘴型，影響學習語言」、「小朋友睇唔到你係咪笑緊」、「成日戴住個口罩咪增強唔到自己抵抗力囉」等。

佢哋嘅論點的確係可以理解，但我只能部分同意。如果全班小朋友都身體健康，老師的確唔一定要戴定口罩，始終畀小朋友睇吓老師個樣都係好。但係當有小朋友生病，老師係應該有權自由選擇戴唔戴口罩😷。題外話，喺疫情期間，好多老師都學識用眼睛嚟微笑，因為有家長反映老師對眼冇笑，好冇親切感😂。

又例如啱啱提到，老師戴咗口罩可能會影響小朋友學習語文；的確畀小朋友睇到老師嘅口型有助佢哋學習，但係又代唔代表老師全日都唔可以戴口罩呢？又有冇其他方法呢？公說公有理，婆說婆有理，唔同嘅講法都各有道理。講到底最重要就係確保校園裡面每一個人嘅健康及安全；始終要有一個安全又舒服嘅工作環境，先可以提供更優質嘅教學。所以，老師們一定一定要確保自己身體健康呀💚！

梨老師漫畫 #09

老師們都是超人，要好好保護自己，
再努力照顧小朋友！

#06

識教一定教高班！

好老實，我自己就傾向喜歡教 K3 😆，因為 K3 嘅小朋友對學校嘅規律同日常活動已經相當熟悉，而且自理能力相對較強，例如着鞋、進食或者收拾物品等，基本上都可以自己完成，甚至可以互相幫助。相比較，N 班及 K1 嘅小朋友可能需要更多基礎照顧，對老師嘅依賴程度較高。

再者，K3 嘅小朋友喺情意發展方面會比其他年級成熟，佢哋開始懂得更深入嘅情感表達。例如，當你用心教佢哋，佢哋會因為你嘅努力同關懷而真心鍾意你，而唔係因為你畀咗粒糖／貼紙佢哋。舊生返嚟探老師亦通常係探 K3 班時嘅班主任，呢種互動係好真摯，好令人窩心。作為老師，見到學生因為自己嘅真誠而產生正面回應，呢份滿足感係無可取代 。

當然，每位老師都會有自己偏好嘅年級，係人之常情。每個年齡層嘅小朋友都有佢哋獨特嘅可愛之處。👶K1 嘅小朋友可能更加天真，需要更多安全感；👧K2 嘅小朋友處於探索階段，會畀老師帶來無限嘅驚喜。作為專業嘅教育工作者，老師需要因材施教，調整教學策略，同時保持專業態度，確保每位小朋友都能夠獲得適合佢哋成長需要嘅支持。

對於學校管理團隊而言，除咗要確保教學質素，同樣重要嘅係善用每位老師嘅專長，同時畀佢哋有機會去嘗試同學習唔同範疇嘅工作。每位老師都有自己嘅強項同特別適合嘅領域，管理層應該用心觀察，了解老師嘅特點，然後將適合嘅責任交畀適合嘅人，讓老師可以發揮所長，為學校同學生帶來更大嘅益處。

管理層同時應該畀老師有機會接觸唔同類型嘅教學經驗，幫助佢哋多元發展。透過輪流教唔同年級，老師可以更加了解學生喺唔同成長階段嘅需要，亦能夠提升佢哋嘅教學技巧、課堂管理能力同人際溝通等等。適時嘅培訓、明確嘅指導同持續嘅反饋，有助老師安心投入新角色。

最緊要嘅係營造一個正向同包容嘅環境，鼓勵老師互相學習、分享經驗，讓學校成為一個共同成長嘅地方。無論教邊個年級，老師都應該用心去教，用愛去陪伴。小朋友喺唔同成長階段都有唔同需要，老師嘅責任係因材施教，陪伴小朋友成長，令佢哋感受到關懷、尊重同鼓勵。每個年齡層嘅小朋友都好可愛，都一樣值得我哋傾盡全力去教導，幫助小朋友成長，自己亦同時成長。切記唔好因為自己嘅喜好而提供質素不一嘅教學，勿忘初心💚！

雖然宏觀咁講，我係傾向喜歡教 K3，但係我最鍾意嘅都係自己教出嚟嘅小朋友😆😆😆！

#07

主任唔使教書，日日廢廢吓有咩用？

唔知大家有冇覺得你學校個主任成日唔知做緊咩咁呢🤔？對於學校嘅管理層，例如主任或者其他行政人員，佢哋嘅角色其實唔單止係教學，而係專注於學校嘅運營、規劃同支援。雖然主任未必需要直接教書，但佢哋喺學校嘅運作中擔當住非常重要嘅角色。

當中包括：

1）支援老師，提升教學質素📈

- 主任首要嘅職責之一係支援老師，協助佢哋解決教學中遇到嘅問題，例如調配教學資源、改進教學策略，或者係協助處理個別學生嘅需要。
- 主任需要確保老師能夠專心教學，減少非教學範疇嘅壓力，從而提升整體教育質素。
- 資源管理亦係主任嘅重點工作之一，佢哋需要合理分配學校內資源，確保老師有足夠嘅教學資源，以及支援教學。

2）制定計劃，推動學校發展🏫

- 學校嘅長期發展需要清晰嘅目標同策略，而主任負責制定呢啲計劃。

- 主任會設計課程框架、推動教育改革、組織教師培訓等，呢啲工作通常需要深入嘅研究與規劃。
- 主任嘅策劃與決策能夠幫助學校適應不斷變化嘅教育環境，確保學校能夠持續發展並保持教育質素。

3）溝通橋樑，協調校內外關係

- 主任係學校內外溝通嘅關鍵人物，佢哋需要協調教職員、家長、校方、機構，以及其他合作夥伴，甚至係供應商之間嘅關係，確保大家對學校嘅政策、課程安排以及學生的進展有一致嘅理解。
- 主任亦要處理學校內突發事件，例如學生安全問題、家長投訴等，保持校園環境和諧。喺呢方面，主任嘅角色非常重要，因為良好嘅溝通能夠消除誤解，提升學校嘅整體運營效率。

4）行政管理，確保學校順暢運作

- 主任仲會負責學校嘅日常運作管理，包括時間表安排、人手分配、活動籌備等。雖然呢啲行政工作看似細微，但如果處理不當，會直接影響到教學進度及老師嘅工作效率。
- 主任需要關注學校運作嘅每一個細節，確保所有事情有條不紊地進行，從而保障學校運作暢順。

5）對學生成長嘅間接影響 👶

· 雖然主任唔一定會直接教書，但佢哋嘅工作會間接影響學生的學習環境。

· 主任負責編訂課程、規劃校內活動，並提供資源上嘅支援等，這些措施能夠為學生創造更加有利嘅學習條件，促進學生的全面發展，幫助學生在更好的環境中成長。

6）資源管理：最大化運用校內外資源 📦

· 主任係資源管理嘅核心人物，佢哋負責學校資源的管理和分配，包括以下幾個範疇：

🎁 教學資源：了解老師需求，合理分配教材、教具及活動資源，避免浪費並確保公平。

💰 財務管理：喺有限預算下，精明規劃支出，例如購買教學用品、改善設施及推動專業發展，同時申請額外資助，增加學校資源。

💪 人力資源：合理安排老師崗位，例如新老師與資深老師配對，或者針對老師嘅強項分配合適嘅工作，充分發揮每位老師嘅才能。

🏞 設施與環境：定期檢查設施安全性，迅速處理維修需求，為學生同教職員提供舒適安全嘅環境。

🕘 時間管理：協調老師課堂安排及活動籌備，確保學校運作順暢，同時減少衝突。

主任需要保持資源分配透明，讓老師了解學校嘅資源管理計劃，增強彼此之間嘅信任。

7) 處理與教育局及衛生署嘅事務 

· 主任亦係學校與外界聯繫嘅核心人物，尤其喺同教育局及衛生署，以及其他部門嘅溝通上，佢哋需要處理政策執行、資源申請及突發事件應對等多項重要工作：

📝 執行政策：確保學校遵守教育局嘅指引，例如課程目標、專業發展要求等，並提交相關報告及數據。

💊 衛生安全：跟進衛生署指引，確保校園清潔與學生健康，例如控制傳染病、處理健康危機及推廣健康教育。

✨ 突發應對：當遇到疫情、天災等重大事件，主任需快速聯絡政府部門，執行緊急措施，保障師生安全。

- 整合外部資源：善用教育局及衞生署提供嘅資源，例如健康檢查、教材支援，為學校增值。

8）促進專業合作，發揮團隊力量

- 主任需要尊重老師對班級分配嘅偏好，針對老師嘅強項進行適合嘅安排，並鼓勵老師接受挑戰、學習新技能
- 主任有責任為每位老師提供嘗試與學習嘅機會，從而挖掘老師嘅潛能。無論教乜嘢班級，主任同老師都應該保持專業精神，根據學生嘅需要靈活調整教學方法，為學生創造優質嘅學習體驗。

主任嘅工作唔止係行政管理，仲涵蓋咗教學支援、學校發展規劃、資源管理以及校內外關係嘅協調。佢哋嘅工作對學校嘅發展、老師嘅教學質素、學生嘅成長及學校整體運作嘅順暢至關重要。主任嘅專業管理同領導能力，唔單止影響學校嘅日常運作，仲對學校嘅長期發展同教育質素產生深遠嘅影響。雖然主任嘅工作唔一定即時見效，但佢哋每一步嘅努力，幫助學校應對挑戰，確保學校能夠長期穩定發展。有時候，老師可能唔會清楚睇到主任喺背後所做嘅工作，但主任嘅付出係學校運作同發展中不可或缺嘅一部分。

不過當然啦！如果主任畀人有一種每日「廢廢吓」嘅感覺，可能係佢哋嘅工作成效唔夠明顯，又或者未充分發揮自己嘅角色。呢個時候，學校管理層可以檢視一下分工同角色定位，確保每個崗位都能夠發揮最大價值。而老師亦可以透過溝通，了解主任實際嘅工作內容，避免對佢哋角色有誤解。學校係一個團隊，每個人都有自己嘅責任，只要各司其職及保持良好溝通，先可以令學校發展得更好！

#08

校長從來都唔會幫手諗 idea，淨係叫人做嘢。

「校長成日都好鍾意叫老師諗 idea，又成日 ban 人啲橋，但又唔會幫手諗吓，真係唔知佢想點。」🤨

作為學校嘅領袖，校長嘅角色係至關重要。校長唔單止係行政管理嘅領導者，佢嘅工作範疇涵蓋咗學校運作嘅各個層面，包括學校發展、教師專業發展、課程規劃、家校合作等等。雖然校長未必直接參與學校裡面嘅每個工作，但佢嘅職責主要係確保學校嘅整體運作順利，並推動學校長遠發展。校長需要理解並尊重每個成員嘅角色，同時鼓勵大家攜手合作，實現學校嘅共同願景。

一般嚟講，校長嘅職責可以大致分為以下內容：

1）學校運營與管理🏫

- 校長其中一個最重要嘅責任係確保學校運作順暢，包括咗設計同埋監督學校嘅管理結構、規劃學校資源（包括人力、財政、物資等），確保學校各個成員都能夠協同合作。
- 校長需要根據學校嘅實際情況，制定長遠發展策略，並確保策略嘅執行，推動學校進步。

2）建立共同願景 👥

- 校長要同學校嘅所有持份者（如老師、家長、校董、教育機構等）建立共同願景。
- 此願景要與學校嘅使命相契合，並能促進學生嘅全人發展。
- 校長需要清晰了解學校嘅教育目標，並傳達畀每位教職員、家長同埋學生，令大家向住共同目標努力。

3）教師專業發展 

- 校長唔單止負責學校行政，仲要關注老師專業發展。
- 老師係學校教育質素嘅基石，校長需要確保老師得到足夠嘅專業培訓，並提供學術支持，提升教學質量。
- 校長應定期與主任評估教師嘅工作表現，並根據需要提供指導或者培訓機會，確保老師能持續提升教學質素，提供更好嘅教育畀學生同家長（家長教育都係校長嘅工作之一）。

4）資源管理與分配 

- 校長嘅另一個關鍵責任係管理學校資源，確保資源嘅合理分配。
- 資源不僅包括教材、學具和設施等，仲包括人力和財務資源。
- 校長需根據學校需求進行資源規劃，並確保每項資源都能達到最佳效益，支持學校嘅教育發展。

5）家校合作與社區連繫

- 家校合作對學生嘅成長係十分之重要，校長需要建立有效嘅家校合作機制，帶頭鼓勵家長積極參與學校活動，了解學生嘅學習進度，並共同為學生創造有利嘅學習環境。
- 家校合作能夠提升學生嘅學習動機和家庭支持，進一步促進學校和家庭之間嘅溝通與信任。
- 校長又要積極聯繫社區資源，促進學校同社區嘅合作，擴展學生嘅學習機會，支持學生嘅全人發展，提升學校嘅社會影響力。

6）自我評估與學校質素提升

- 校長需要定期同主任進行學校自我評估，以檢視學校運營中存在嘅問題同埋挑戰。唔單止係對學校管理嘅反思，更加係學校質量監控和提升嘅關鍵環節。透過自我評估，校長能夠發現學校喺教學、行政、資源分配等方面嘅優勢與不足，並據此制定改善策略，推動學校長遠發展。

7） 與教育局合作 💼

- 校長需要同教育局及其他相關教育機構保持密切合作，確保學校嘅運作符合政策要求，並喺必要時調整學校嘅發展方向。
- 校長需密切關注政府政策嘅變化，並確保學校能夠靈活應對政策調整，並為學校爭取更多資源。

8） 幼稚園質素評核 📊

- 校長要積極參與幼稚園質素評核，呢個係一個對受政府資助幼稚園嘅官方的評估過程，目的係要檢視學校喺教學質量、管理水平，同埋學生福利等方面嘅表現。
- 質素評核能夠幫助校長檢視學校嘅運作係咪符合標準，並根據評核結果進行調整，從而持續提升學校嘅教育質素。

9）團隊建設與協作

- 學校嘅成功唔係淨係單靠校長一個人，而係依賴每位成員嘅共同努力。
- 校長需要建立一個高效協作嘅團隊，促進老師及其他員工嘅專業發展，包括對老師嘅指導與支持，以及確保每個成員都能夠發揮自己嘅強項。透過團隊建設，校長能夠提升學校嘅整體效能，並確保學校在不斷變化嘅環境中保持競爭力。
- 另外，建立一個健康又安全嘅工作環境畀各位員工亦係非常重要。

10）前瞻性與應對變革

- 教育是一個持續改變嘅領域，校長需要具備前瞻性，能夠預見未來嘅挑戰與機會，並引導學校做好準備。
- 校長需具備應對外部挑戰（如社會變遷、政策調整等）嘅能力，維持學校穩定發展。校長不僅要擁有管理與決策能力，仲要具備靈活應變、處理危機嘅能力。

喺每一間學校入面，每個成員都有唔同嘅工作同職責，無論係校長、主任、老師，定係其他職員，大家嘅角色都係互相補足，為學生提供最好嘅學習環境。所以，了解彼此嘅崗位同職責係非常重要。大家需要保持良好嘅溝通，確保信息清晰傳遞，避免誤會或者不必要嘅衝突。作為學校嘅領袖，校長應該以身作則，成為團隊嘅榜樣。當請老師完成某啲任務時，校長應該清楚解釋背後嘅原因同目標，咁樣可以令老師更明白自己嘅工作意義及要求。如果要老師改嘢，校長更加需要提供清晰嘅指引，幫助老師理解，減少不必要嘅困惑或者反感 。

同時，校長喺管理上需要注意，用心聆聽老師嘅意見，並尊重佢哋嘅專業判斷。透過建立互相信任同支持嘅關係，校長可以更有效咁推動學校發展。同樣地，老師同職員亦應該理解校長作為管理者嘅挑戰，齊心協力，為學校共同目標努力。喺一間學校入面，團隊合作係成功嘅關鍵，大家要彼此尊重、互相支持，透過清晰嘅溝通一齊迎接挑戰，為學生創造一個更好嘅學習環境。加油呀！

#09

學校教職員膳食慘絕人寰！

幼稚園老師嘅午餐時間經常好有限，通常只係半個鐘到一個鐘，而實際嘅情況分分鐘係少過 15 分鐘嘅食飯時間🕒。原因係學生放學時間同老師食飯時間重疊，老師要等學生全部離開後先可以開始午飯時間🥢。

畀個情境大家想像一下，假設小朋友正式放學時間係十二點正，一般嚟講都要等到 12:15 成班小朋友先放晒學，亦都有機會因為個別家長臨時有事而令到老師要更加晏先可以開飯（同時亦都未必有其他老師可以幫忙照顧小朋友）。好喇，假設真係 12:15 成班小朋友都放晒學，老師有機會要快快手處理一啲比較緊急嘅家長電話或其他雜務，搞搞吓最後可能只係得返十零分鐘（甚至更少時間）食飯，根本冇時間好好享受一餐，更加唔好講有時間可以喘息一下😮‍💨。

另外，學校提供嘅員工膳食質素通常比較簡單，營養較單一，份量亦有好大嘅提升空間。大部分學校老師冇時間出去買嘢食，而且唔係每位老師都有帶飯（有可能因為學校冇微波爐，又或者全校得一兩個微波爐，叮得飯嚟，下晝班都開始返學🕒）。有啲學校嘅做法係訂購飯盒畀老師，有啲學校就係會有位廚師負責煮飯，但好多時候都會因為廚師人數有限，導致全校老師一齊分享一大碟炒粉麵，或者半間學校嘅老師一齊分享一碟餸。首先唔好講好唔好味，亦都唔好講營養，呢個份量其實真係好肚餓！

再者，有時候老師們真係忙到根本都冇時間坐低食飯，所以幼稚園老師成日都收埋好多零食㗎！如果唔係真係搞唔掂呀！當然，並唔係間間學校嘅膳食都咁惡劣，但係根據過往嘅讀者來信，呢個情況的而且確係好普遍。幼稚園老師係一個好高勞動力嘅工作，如果冇足夠嘅膳食安撫吓心靈同埋肚皮，的確好令人沮喪，所以有好多校長都會間唔中買吓珍珠奶茶又或者下午茶慰勞吓老師，的確係好開心㗎🧋！

不過，老師們都要謹記工作係好重要，但係照顧好自己其實更加重要，如果唔係有太緊急嘅事情一定要處理咗先嘅話，就不如畀自己好好休息一下。另外，如果情況許可，老師之間亦都可以互相幫手，讓彼此都有充足嘅休息時間。而管理層方面，可以好好協助老師分配工作時間，確保每一位職員都有健康嘅工作環境。

無論睇緊呢本書嘅你哋係唔係老師都好，都要記得好好照顧一下自己嘅膳食呀💚！

#10

聽講做老師成日都要讀書，要讀到幾時？進修讀咩好？

成日都話做老師學海無涯，啲書好似讀極都讀唔完咁，又成日都要進修。要讀到幾時先完呀？

根據教育局通告所講，每名幼稚園校長及老師喺指定嘅周期內要參加指定時數嘅持續專業發展活動，簡單嚟講持續進修係老師嘅其中一個職責。老師可以透過教育局嘅培訓行事系統（TCS）報讀課程，或者相關嘅課程及學習都得；而校方亦應為老師安排時間及代課人手，等老師可以安心喺辦公時間內參與培訓活動。

事實上，有部分老師係會為咗滿足個時數而係咁意搵啲課程嚟讀吓，亦有部分老師係真心想增值自己，或者因為個個同事都讀書而唔想落後於人。但請老師唔好為讀而讀，應該要根據自己嘅需要，選擇最合適嘅學習方向。即使係為咗滿足教育局個時數，既然時間都畀咗出嚟，老師就更應該揀啲自己比較有興趣嘅嘢嚟讀啦！

咁如果真係想進修，又應該讀啲咩好呢？

1 先了解自己所追求嘅目標

每位老師嘅目標都唔同，唔同嘅追求都會影響進修方向，例如：

想晉升管理層，尋求更多發展機會

- 可考慮修讀幼稚園校長證書課程
- 修讀相關嘅學士／碩士課程，提升管理知識及競爭力
- 參與學習行政技巧、課程設計等嘅專業發展活動，為未來發展鋪路

想轉行去其他類別嘅教育工作
（例如 SEN、治療、心理學等）

- 可修讀特殊教育（SEN）、遊戲治療、兒童心理學等嘅相關課程
- 參與學習語言治療、職業治療、輔導技巧等嘅專業發展活動

想提升自己，跟上教育趨勢

- 可考慮修讀由政府、NGO、各大院校提供嘅短期課程，例如班級管理、STEM、家長教育、音樂教育、蒙特梭利教學法嗰啲

- 短期課程適合有心學習但未必有太多空餘時間嘅老師報讀

2 進修前要先考慮個人生活狀況（家庭、財政、健康等）

老師同所有人一樣都係要生活，讀書之前除咗考慮課程嘅內容同自己嘅理想之外，亦要考慮好多好現實嘅因素，例如自己嘅時間、財政狀況、家庭需要、健康情況等。

⏰ 時間限制

- 如果工作或私人事務過於繁忙，可能較適合選擇短期課程、單次培訓活動等
- 如須報讀時期較長嘅課程，可先確保時間能有效分配喺唔同地方上，又或者選擇網上課程以減省交通時間

💰 經濟考慮

- 讀書呢家嘢係由頭到尾都要錢，由報名到畢業都係要交錢，所以要先睇吓自己嘅經濟狀況，亦都可以比較學費同埋了解有冇啲咩資助計劃
- 如經濟有負擔者，可以先考慮政府資助嘅課程，或者睇吓在職學校有冇得申請資助

- 謹記唔好為咗進修而令自己有太大嘅經濟壓力，讀書唔急於一時，確保自己有足夠嘅儲蓄再讀都唔遲；亦都可以畀個期限自己，以免將讀書之事一拖再拖

🏠家庭需要

- 喺不同人生階段就會有唔同嘅責任，讀書其實都好講天時地利人和
- 屋企有小朋友嘅老師喺報讀進修課程之前，要先考慮一下有冇可靠嘅親友可以代為照顧小朋友
- 另外，如果老師需要照顧屋企人、建立緊自己嘅家庭、家庭出現轉變等不同嘅原因，都好影響老師喺選擇進修課程上嘅決定，要好好考慮進修會唔會影響自己嘅家庭生活

🧘健康狀況

- 啲人成日都話有書趁嫩讀，呢句說話其實不無道理；唔係話後生啲就會叻啲，就以我自己為例，今日嘅我學嘢已經冇 18 歲嘅我學嘢咁快，一嚟個人已經冇以前咁有精力，二嚟生活多咗

好多瑣碎事煩擾，令我冇以前十八廿二嗰陣時容易專注，三嚟過往嘅經歷及知識唔多唔少都會限制咗我對新知識嘅接受程度

- 老師亦都要考慮自己嘅精神狀況，如果老師有好大嘅工作壓力或其他方面嘅壓力，再 on top 加埋讀書就未必係一個好理想嘅做法
- 除咗精神及心理健康之外，身體嘅健康狀況一樣好重要，例如我喺好多年前曾經做過一個手術，喺咁樣嘅情況之下根本冇可能專注喺學業上
- 每個人都有自己嘅狀況，唔需要勉強自己，健康係非常之重要，記得要先了解自己嘅需要再慢慢決定讀唔讀書。

3 進修唔一定要局限於教育範疇

好多時候，老師只會諗「讀咩課程對教育工作有幫助？」但其實，學習並唔一定要局限於與教育相關嘅課程，老師都可以學習其他技能，例如：

- 語言（提升英文、普通話，甚至學其他語言等）
- 科技（學 Coding、AI、數碼媒體等）
- 財務管理（學習理財、投資等）

- 其他興趣發展（例如攝影、設計、寫作、烹飪等）
- 我亦有舊同事一路教書一路考保險牌，畀自己多個機會有新嘅發展

唔好因為自己係教育工作者而限制自己，世界好大，有好多唔同嘅工作等緊我哋去發掘，有機會出去闖蕩一下其實都係一件好事，亦可增廣自己嘅見聞。即使想專注喺教育範疇，老師亦可以發掘一下自己嘅興趣同發展空間！進修時數呢啲嘢好死喋啫，最緊要係自己讀得開心，而且對自己真係有幫助。

4 老師＝學生

學與教係一樣不斷改變嘅嘢，教育環境、學生需求、課程內容、政治環境一直喺度變，教育局本教育指引都幾年轉一次啦，仲未講有啲學校間唔中會改革一次呢。如果老師跟唔上變化嘅速度，就會影響教育質素，甚至好容易被取代。所以，我哋除咗係老師之外，亦都係學生，每一日都有新嘢學，學海無涯，諗起都興奮。不過，最重要嘅係，老師要保持心態開放，樂於接受新知識，隨時裝備好自己，咁就唔怕突然之間又彈啲新課程畀你負責啦！

5 總結

大家都為咗唔同嘅原因去讀書進修，有人為咗滿足

啲所謂嘅進修時數，有人真係好學不倦，有人係為咗張沙紙，亦都有人為咗自己嘅前途著想。讀書其實真係好開心，每讀完一個課程或者達到一個學歷就會覺得好自豪，感覺就好似人生又過多咗一關，如果我有錢又有時間我一定會讀埋個博士學位🎓，由梨老師變梨博士，個名幾有型呀！

　　無論大家為咗啲咩原因都好，讀書就係一樣好東西。不過，謹記要清楚自己進修讀書嘅目標，唔好盲椿椿咁樣為讀而讀；亦都要考慮自己嘅時間、財政狀況、家庭等，選擇最適合自己嘅進修方式；唔好限制自己，學習可以係與教育相關，亦可以係其他範疇。每個人都會有感到疲倦嘅時候，畀啲時間自己休息，同時亦都要鼓勵自己要有樂於學習嘅心，確保自己跟上時代變化，提高競爭力。最重要嘅係，唔需要因為「老師就應該不停進修」而迫自己讀書，學習應該係為自己，而唔係為張沙紙或者啲乜嘢所謂進修時數。老師已經夠多嘢煩㗎喇，適當嘅時候畀自己唞吓啦！

梨老師漫畫 #10

老師除咗要教書之外，
仲要不斷進修，24/7學習！

#11

老師係咪一定要有急救證書？

畀五秒時間大家諗吓：老師係咪一定要有急救證書呢？🤔

唔同大家開估住，大家可以睇埋以下嘅內容再回答呢條問題！

1️⃣ 法例要求？

根據教育局指引，每間幼兒中心最少要有一名僱員持有有效嘅急救證書，而每間幼稚園最少要有兩名教職員曾接受急救訓練。

- 咁即係話，唔係每個老師都一定要有急救證書，但係學校必須確保有足夠嘅急救人手。
- 如果學校冇任何一個老師持有有效急救證書，或者所有證書都過晒期，校長或主任應該安排職員接受急救訓練，確保符合規定，以保障校內職員及學童嘅安全。

2️⃣ 咁老師做咩仲要考急救證書？

雖然唔係法定要求個個老師都要有急救證書，但老師有急救知識可以帶嚟以下好處：

- ✅ 應對緊急情況：校園裡面總會發生不同嘅突發事故，如果老師有基本嘅急救知識，咁就可以即時處理一啲比較輕微嘅事情，例如小朋友流鼻血、輕微撞傷等。
- ✅ 提升安全意識：學習急救唔單止係落手做急救，仲可以加強對環境風險嘅認知，減低危險發生嘅機會，亦都會比較有信心應對唔同嘅突發事故。
- ✅ 增值自己：有急救證書雖然唔係學校聘請老師嘅主要考慮因素，但可以增加自己嘅專業技能，有機會係加分嘅其中一個原因。

3急救證書考啲咩？

一般嚟講，大多數老師都係報讀香港紅十字會或者聖約翰救傷隊嘅急救證書課程，課程內容一般都係包含急救嘅基本原則呀、燒傷燙傷呀、中毒呀、骨折呀、搬運傷者呀嗰啲，詳情大家可以上返有關網站了解。而考試方面，一般都係考急救理論、綳帶應用，同埋心肺復甦法，呢啲都係要用時間溫書同埋練習㗎⛑️！

除此之外仲有好多種類嘅急救證書，當中例如兒童心肺復甦法證書課程、運動急救專修課程等等。所以如果老師們真係有興趣想報讀唔同嘅急救證書課程，大家可以同學校商量一下，亦都可以根據自己嘅需要同埋興趣選擇！

淨係就呢兩間機構嘅急救證書嚟講，有效期一般為三年，期滿前可以申請重考。但係當然啦，課程內容同埋證書嘅細則就記得向返相關嘅機構查詢喇！

4 如果真係遇到嚴重事故點算？

如果校園內真係出現咗嚴重嘅意外，咁有急救證書嘅老師咪要孭飛😖？

老師唔使擔心，即使老師擁有急救證書，遇到嚴重意外時就謹記要立即 call 救護車搵就近嘅政府醫院急症室求助🚑。急救員（學校會指派部分持有有效急救證書嘅老師成為急救員）嘅責任係提供初步處理，並唔代表要完全處理所有傷勢。如果情況嚴重，就當然係即時叫救護車，留返畀專業醫護人員處理，所以老師唔需要過度擔心或者自責。

5 總結

- ✅ 學校需確保有足夠老師持有有效嘅急救證書，但唔代表每位老師都需要報考。
- ✅ 如果學校內冇持證老師，校長或主任應安排人員接受培訓，確保符合規定。

- ✅ 有急救證書對老師係其中一個有機會加分嘅項目，但並非學校聘請老師的主要考慮因素。
- ✅ 擁有急救技能有助應對突發情況，提升安全意識，保障學童及教職員安全。
- ✅ 遇到嚴重事故時，最重要係冷靜應對，為傷者提供初步處理，並即時召喚救護車。

如果學校冇特別要求你要報考急救證書課程，老師可以自行決定，而且如果時間許可嘅話考咗亦都冇壞。但倘若學校有要求，建議老師可以了解一下學校嘅安排，例如時間上嘅安排同埋有冇資助畀老師參加課程。幼稚園老師並唔係強制要有急救證書，但如果有的話，對自己、學生同學校都會更加有保障。

#12

唔識彈琴就搵唔到工？

幼稚園老師真係好叻，好多老師琴棋書畫樣樣都識，不過都有部分老師讀者有同我分享過佢哋嘅擔心：「如果我唔識彈琴，會唔會好難搵工？」

以我自己嘅觀察，識彈琴／有考級無疑係一個加分項目，但並唔係一個 must 喎！我都有好多好優秀嘅老師朋友係冇考過級，甚至有部分係完全唔識彈琴㗎！

香港有唔少幼稚園都推行音樂課程，或者會傾向期望老師用鋼琴帶領音樂活動，所以如果老師識彈琴，特別係有考級，有機會係一個優勢。不過，大家千祈唔好錯重點，老師最重要嘅能力並唔係彈琴，而係教學技巧以及下刪十萬個大大小小嘅技能！

教學方式係可以好多元化，鋼琴並唔係唯一一個可以協助帶領音樂活動嘅樂器。老師可以用音樂播放器、結他🎸、Ukulele，甚至簡單嘅小樂器🪇或者用肢體拍拍子嚟取代用鋼琴伴奏🥁；讓小朋友知道音樂係好多元化，亦都可以好生活化。

除咗個別學校有特別嘅要求之外，一般嚟講絕大部分嘅學校請老師，都唔會要求老師係專業音樂家，最重要係老師掌握帶領音樂活動嘅技巧，懂得引起小朋友嘅學習興趣。而且，有部分幼稚園會特登聘請專門嘅音樂老師負責音樂課程或者帶領全校音樂活動，所以老師亦不必過於擔心。

喺面試嘅時候，校長有機會問老師嘅特別才能，老師最緊要誠實表達自己，避免誇大自己嘅能力，以免影響日後工作安排。當然，亦都要注意對答技巧，假設老師真係唔識彈琴，就唔好扮識，但係都唔好就咁講話自己唔識咁就完；可以向校長分享你會計劃用啲乜嘢方法嚟取代用鋼琴帶領音樂活動，亦都可以分享自己有冇學琴或其他樂器嘅打算。每個老師都有自己嘅強弱項，重點係懂得發揮自己嘅強項，並且想辦法補足自己嘅弱點，發揮所長！

如果老師你已經係識得彈鋼琴嘅話，你亦不妨學習額外樂器🎻，增值自己，亦都有助日後帶領各種嘅活動！唔識彈琴嘅老師，如果時間同埋金錢許可嘅話，學吓琴增值吓自己其實都唔係一件壞事🎹。老師除咗要識得發掘小朋友嘅強項之外，都要記得多發掘自己嘅長處呀！

書　　名：重返幼稚園：寫給大人看的成長課
繪　　著：梨老師

出 版 社：亮光文化有限公司 Enlighten & Fish Ltd
社　　長：林慶儀
編　　輯：亮光文化編輯部
設　　計：亮光文化設計部
地　　址：新界火炭坳背灣街61-63號
　　　　　盈力工業中心5樓10室
電　　話：(852) 3621 0077
傳　　真：(852) 3621 0277
電　　郵：info@enlightenfish.com.hk
網　　店：www.signer.com.hk
面　　書：www.facebook.com/enlightenfish

2025年7月初版

I S B N　978-988-8884-54-4
定　　價：港幣$138

法律顧問：鄭德燕律師